プロ野球
奇人変人列伝

我が愛すべきプロ野球選手たち

野村克也

詩想社
— 新書 —

［まえがき］

大成する選手はみな、奇人変人だった

私がプロ野球の世界に携わってすでに60年以上になるが、つくづくこの業界は特殊だと思う。

プロ野球名球会という組織があるが、入会の条件は日米通算で打者が２０００本安打以上、投手は２００勝以上、もしくは２５０セーブ以上となっていて、歴代のスーパースター60人ほどが所属している。

私もそのメンバーであるが、会合などに顔を出すたびに思うのが、張本を筆頭に、長嶋や江夏など、名球会会員はみな奇人変人の類いであるということだ。この人たちが、一般社会でサラリーマンなど到底務まるはずがない。

私などは、自分では、そのなかではいちばんまともな人間ではないかと思うのだが、人から見ると変わっていると言われるから、やはり奇人変人の部類に入るのだろう。

つまり、プロ野球のスーパースターたちは、奇人変人と言われる人々であるということだ。逆に言えば、みな奇人変人だったからこそ、超一流まで登りつめることができたと言える。

プロ野球の世界は、お坊ちゃんのような優等生では大成することはかなわない。真面目だけの選手は、超一流にはなれないのだ。言われたことをちゃんとやる優等生より、自分のこだわりや信念に執着して、言うことを聞かないようなちょっと不良のほうが成功する可能性が高い。

野球というものに、他の選手よりのめり込み、人一倍努力してこそ大成できる世界であり、そうした選手は、他の選手と違った鋭い感性を持っているところもある。その他大勢とは、感性が違うのだ。

また、野球に異様に打ち込むがゆえに、それ以外の部分のバランスを欠いたところもあり、それが変人とまわりから見られることもあるかもしれない。野球以外のことを気にもかけず犠牲にしているから、野球で大成できるという側面もあるのだろう。

この点、いまの選手たちは、昔の選手に比べて表面的にはいい子になり、個性も失われつつあるように見えるのが気になる。小さくまとまるよりも、どこか型破りで、野球にのめり込む奇人変人タイプのほうが、スケールの大きな選手、超一流選手になる素質があると私はこれまでの実体験から感じている。

本書は、私がこれまで60年以上プロ野球界に身を置いてきたなかで出会った、奇人変人たちを紹介しようというものだ。

毎夜、徹夜で麻雀をして、球場入りするなり出番まで医務室で寝ている選手。ピッチャー交代のためにマウンドに来ようとする監督を、マウンドから怒鳴ってベンチに追い返してしまう選手。財布を持ち歩かないとんでもなくケチな選手。素振りもせず、常に鏡の前でフォームばかりチェックしている不思議なバッター。野球の監督というよりは、軍隊の上官のようだった監督。足を上げてスライディングしてくるケンカ野球の申し子など、いまのプロ野球界からは想像もつかないような、ユニークな人たちのエピソードを紹介したつもりだ。

私の現役のころは特に、変わった人、不思議な選手が多くいたものだ。これらのエピソードから、日々、高い技術レベルでしのぎを削っているこの世界の一端が垣間見え、プロ野球界の魅力が読者のみなさんに少しでも伝われば、著者としてこれほどうれしいことはない。

野村克也

プロ野球 奇人変人列伝◎目次

第1章 やっぱり、天才たちは変わり者だった！

第2章 型破りな選手たちが見せた野球への執念

第3章　球界に轟くあの「変人伝説」

第4章 突き抜けた変人は、もはや偉人だ

企画協力／株式会社ＫＤＮスポーツジャパン
構成／石田英恒

第1章

やっぱり、
天才たちは変わり者だった！

球界一の我の強さ

○金田正一

プロ野球でピッチャーをやっているような人間は、自分勝手で、「俺が俺が」と我の強い性格が多い。アマチュア時代からエースとしてちやほやされて、「俺のおかげでチームは勝っている」とうぬぼれてきたところもあるので、どうしても組織より自分中心の考え方になりがちだ。

その典型といえば、金田正一さんであり、金田さんほど我の強い人に私は出会ったことがない。球界ではまだ許されるが、一般社会ではほとんど見られないようなキャラクターだろう。

日本球界で唯一の400勝を達成した人だけに、やはり普通ではないのだ。強烈に我が強く、頑固でわがままという面では、人を人とも思わないようなところもあった。

国鉄時代のニックネームは「金田天皇」だった。4回までに味方が大量リードすると、自ら登板を志願し、人の勝ち星を奪うワンマンぶりは歴代監督も制御できなかった。

金田さんが登板しているときに、監督がマウンドに行こうものなら、金田さんが「帰れ！」とマウンド上から監督をベンチに追い返すということが何度もあった。

私が目撃したのは、浜崎真司さんが国鉄の監督のときだった。浜崎さんも選手時代は偉大な選手であり、尊敬を集めていたのだが、マウンドに向かおうとすると、金田さんは、「コラーッ」と一喝してベンチに追い返していた。こんな我の強い選手を見たのは、後にも先にも金田さんしかいない。

我が強いとは、決して揺るがない強い信念を持っているということでもあるが、それが金田さんにとっては、「走る」ことだった。

自分自身も、選手時代から徹底的に走り込みを行っていた。毎年、キャンプになると、金田さんはチームと別メニューが許されているのだが、必ず、イキのいい若手を2人ほどチームから借りて、「走れ、走れ」の自分の練習メニューにつき合わせていた。

これがチーム本来の練習より、かなりきついもので、若手たちが途中で逃げ出すという事態にもよくなっていた。それだけ自分自身が走ってきただけに、監督になってからも、選手に「走れ、走れ」と言うことが口癖となった。練習がきつ過ぎて、選手が逃げようとすると、それを捕まえて無理やりに走らせていたという。まさに、「ミスター走れ」とでも言えるような人だった。

私は、金田さんがロッテの監督を務めた1978年のシーズンをロッテで選手として過ごした。そこでは、金田さんは、選手に対して、ほとんど「走れ」としかアドバイスしていなかったのではないかと思う。野球は腰、下半身が大事という観点で見れば、そのアドバイスは間違ってはいなかったのだろう。

ベンチからかける声は、「気合いだ！」「根性だ！」「ぶつかっていけ！」、それとピッチャーに対しての、「足で投げろ！」。これだけだった。自分が大投手だったにもかかわらず、ピッチングフォームについてはなんにも言わないことが私には不思議だった。

当時、ロッテのエースは、マサカリ投法で知られる村田兆治だったが、村田もよく「走れ」と言われ、走らされていた。彼などは、金田監督の指導でいい影響を受けたひとりだろう。よく走らされたことで、下半身が鍛えられ、ピッチャーとして成長し、現役を長く続けられることができたという面があるのではないかといまさらながら思う。

また、金田さんは他人に厳しいだけではなく、徹底した自己管理を行い、自分にも厳しい人だった。

巨人時代、移籍早々の宮崎キャンプでは、旅館に何十箱もの段ボールに入った荷物を持ち込んだことがあったという。中には、炊事道具、布団、枕などの生活道具やミネラルウォーターなどが入っていた。旅館の食事には一切手をつけず、近くの生鮮市場で購入した最高の食材を使って、特製の鍋料理をつくるなど決して妥協しなかったという。

また、普段から利き手の左手を冷やすことを避け、重いものも絶対に持たなかった。あの時代にこれだけ自分の流儀を貫き、自分の肉体への投資を惜しまなかった選手はほかにいないだろう。

それだけまわりを顧みない我の強さがあったから、４００勝の大記録を達成できたことは間違いない。

奇行が目立った天才バッター

○榎本喜八

榎本喜八は、私が南海時代に、毎日オリオンズの一塁手としてプレーしていた天才バッターである。榎本ほど野球一筋の男はいなかったといってもいい。真面目すぎる性格が災いしてか、晩年は奇行も目につく選手であった。

高校卒業からプロ入りし、1年目から開幕5番に座り、その後、3番を任され、打率2割9分8厘、16本塁打、67打点で新人王を獲得。1960年には、打率3割4分4厘で首位打者となり、チームのリーグ優勝にも貢献している。

ただし、榎本は野球道のストイックな求道者ではあったが、それは「打つ」ことに対してだけであり、チームの勝利やチームプレーといったことには、ほとんど興味を示さないタイプだった。

野球には「打つ」以外にも、「投げる」、「守る」、「走る」という要素があり、それらを総合して初めて野球というスポーツになる。ランナーに出れば仮に足が遅くても、「走るぞ」という姿勢を見せれば、相手はプレッシャーを感じ、投球ミスや守備のミスを起こすこともある。実際には走る気がなくても、走るぞという姿勢を見せるだけで、相手を揺さぶることができる。これがチームプレーなのだが、榎本は、そういうことにまったく関心を示さないのだ。打ったらそれっきりで、自分の打撃のことしか考えていない。

守備においても、必要最低限の動きしかせず、チームが負けようが、自分が打てば満足しているようなところがある選手だった。

ただ、選球眼は鋭いものを持っていた。彼ほどの選球眼を持っていた選手を私は知らない。あの王貞治の上をいっていたと思う。

あるとき、私がキャッチャーとして榎本に対したとき、内角ギリギリにストレートが決まり、ボール１つ分外れてはいたが、いいボールだったこともあって球審が思わずストライクを宣言した。

すると榎本が振り返り、「いまのは3センチ外れているよ」と顔色も変えずに言ったことがあった。これにはマスクをかぶる私も、思わず震えがきた。どんなにきわどいコースを突いても、ピクリとも動かないのだ。そして苦手なコースがほとんどないこともあり、とても対戦しづらい相手であった。

私はキャッチャーとして、打者の集中力を乱すために、いろいろな言葉をささやくことがあったが、そのささやき戦法に対しても、榎本はまったく動じなかった。彼は強烈な集中力を持っていて、私のささやきなど全然聞こえていないかのようだった。

もう一つ、榎本のバッティングの特徴として挙げられるのが、猛烈なバットスイングの速さである。合気道からヒントを得た「合気打法」と言われるもので、榎本の先輩でチームメートであった荒川博さんが開発したものだ。この「合気打法」で、榎本はヒットを量産した。

当時、長嶋茂雄が、記者から「いまの球界でバットスイングの速い選手は誰か」と聞かれて、「榎本喜八と野村克也」と答えている記事を私は目にしたことがあったが、私からすれば、それは「長嶋茂雄と榎本喜八」であった。

長嶋の打席でマスクをかぶっていると、何度も、「見逃した」と思ったところから、バットを振りだしてきて打たれるという経験をするのだが、それだけボールを引きつけても間に合うバットスイングの速さが長嶋にはあった。それと同等のレベルのスイングスピードを誇っていたのが、榎本であった。

バットスイングが速い二人の打撃に共通しているのは、体全体を使ったスイングであることだ。「腕」というのは自由に動き、使いやすいゆえに、どうしても腕だけで打つ、手打ちになりやすい。しかし、長嶋や榎本のスイングは、足や腰、体全体を使っているから速いのだ。

さて、晩年の榎本であるが、バッティング技術の向上にのめり込み過ぎ、また、酒も飲まない真面目な性格が災いしてか、年を経るごとに奇行が増えていった。

南海時代に私も対戦したが、３割を打てなくなってきたころから、彼のノイローゼのような症状がグラウンド上でも出るようになっていた。

南海の選手が一塁に出塁すると、ファーストの榎本が、「お前、明日死ぬぞ」と言ってくるのだ。だれか特定の選手が言われるのではなく、一塁に出塁した選手全員が、「お前、明日死ぬぞ」と、榎本から言われるのである。みんな気味悪がって、榎本はどうしてしまったのだろうと心配したこともあった。

聞いた話では、毎日オリオンズのチーム練習の際も、外野スタンドに座って、チームメートをやじり倒したり、部屋に引きこもって、先輩の荒川博さんが説得しても出てこないというようなこともあったらしい。

私が監督を務めた、1970年の甲子園球場で開催された日米野球のときも、試合中、榎本はダッグアウトのいちばん隅に座ったきり、まったく動かなくなった。しゃべらず、呼びかけても返事をせず、試合が終わってもそのままじっとしているのだ。仕方なく私は、そのまま帰ってしまったことがあったが、その後の榎本がどうなったのか、だれもわからないのである。

榎本という選手は、野球一筋に生き、バッティング以外はまったく興味がなく、酒を飲んだり遊んだりということもない真面目な男だった。だから、毎日、野球のことを考え過ぎるあまり、ノイローゼの症状が出てしまったのかもしれない。

ただ、バッティング技術だけを言えば、とてつもない能力を秘めた天才バッターであったことは間違いない。

球界の西のケチの横綱
○吉田義男

私は、阪神の監督を1999年から2001年にかけて務めたが、私の前に阪神の監督を務めていたのが吉田義男さんだった。吉田さんは、阪神の監督を3度務め、1985年に日本一に導いている。阪神ファンにはよく知られる名監督だが、極端なケチでも有名で、その意味では変人であった。

プロ野球界には吉田さんの「どケチ伝説」がいくつもある。これは有名な話だが、吉田さんはタバコの箱にも自分の名前を書いていたという。ロッカールームの棚や机の上にみなタバコを置いておくのだが、だれかが間違って自分のタバコを吸わないように、名前を書いていたというのだ。

さらには、自分のタバコをなるべく吸わずに、球団の掃除のおばさんなどに、「ちょっと、おばちゃん、タバコちょうだい」などと言って、もらっていたという。さすがに選手やコーチにせがむのも気が引けて、見ず知らずの掃除のおばちゃんにもらっていたのかもしれない。

またこんな話もある。マージャンの最中に、「打撃の職人」山内一弘さんが、「1本もらうで」と吉田さんのタバコを1本吸った。しばらくして、また手を伸ばすと、吉田さんは「50円」と言った。冗談と思っていた山内さんは気にせず吸っていたが、その後、執拗に、「50円くれよ、50円払ってくれ」と真顔で言われ、閉口したという。

それからというもの、マージャンの際には、吉田さんのタバコだけ「吉」を丸で囲んだマークが描かれ、みんな手を伸ばさなくなったという。

阪神の人気選手にして、監督まで務めた人がそこまでお金に困っているとは思えない。典型的な「金持ちのケチ」と言えるだろう。

吉田さんは監督としては、阪神を唯一、日本一に導き、選手時代は遊撃手として、華麗な守備を誇った。グラブさばきは、いま捕ったかと思うと、もうファーストのミットにボールが収まっているほどのスピードで、ファーストの遠井吾郎さんが、「お願いだから、もう少しゆっくり放ってほしい」とお願いしたくらいだという。

しかし、このようなスーパースターと言われる選手、監督が、なぜケチと言われるような行動をとったりするのだろうか。

そこには、プロ野球の世界のタニマチ体質が影響している面もあるのだろう。特に人気球団の選手らには、その傾向が強い。人気球団の阪神のスーパースターで、監督も務めた吉田さんほどになれば、周囲の人々が金銭的な面倒を見てくれるので、タニマチ体質に慣れきってしまう。そういう意味では、吉田さんがケチになったのも、環境的には仕方がなかったのかもしれない。

実は、プロ野球界には、伝説的なケチの人たちの呼び名がある。東のケチの横綱と言われるのが森祇晶、西のケチの横綱が吉田さんだ。そして、「巨人三大ケチ」と言われるのが、森に加え、広岡達朗さん、牧野茂さんの３人だ。

やはり、人気チームにケチが多いということなのかもしれない。

巨人三大ケチのひとり
○広岡達朗

巨人三大ケチ（森、広岡、牧野）と言われるなかのひとりが、広岡達朗さんだ。広岡さんも球界では有名なケチのひとりだ。

巨人のスーパースターであり、ヤクルトや西武で監督を務めた広岡さんは、タニマチもいて、周囲の人々もいろいろと面倒を見てくれ、吉田さんと同じような環境下にあったといえるだろう。

実は以前、東京ドームの記者席で、広岡さんと一緒に試合を観戦したことがあった。私は、どうしても気になっていたので、この機会を利用してケチと言われている件について聞いてみた。

「広岡さんって、すごいケチなんですってね。そんな話を聞いたのですが、本当に、言われている通りなんですか？　財布を持って歩いたことがないって言われていますが、本当ですか？」と聞いてみた。

すると、広岡さんはあっさりと認めて、「財布は、持って歩いたことはないよ」と答えてくれた。しかし、それでも納得がいかなかった私は、「でも、お茶を飲むとか、ちょっとタクシーに乗るとか、小銭が必要なときはあるでしょう？　そんなときはどうするのですか」と質問すると、平然と「だれかが払うよ」と言っていた。つまり、相撲取りの世界の「ごっつぁん」と同じで、すべてはまわりのだれかがやってくれるのだろう。

ケチというよりも、強烈な「ごっつぁん体質」と言ったほうが正確かもしれない。

巨人の選手というのは、特に人気チームなだけに、お金を含めていろいろと面倒を見てくれるスポンサーが周囲に多くいる。

だから、選手が単独ではあまり行動せず、タニマチと一緒に行動することが多い。飲みに行っても、食事に行っても、スポンサーが出してくれることになる。だから、知らず知らずのうちに「ごっつぁん体質」になってしまうのだ。

巨人の三大ケチは、この広岡さんと、森さん、牧野さんの３人だが、この３人は巨人のなかでも、特に「ごっつぁん体質」が強い３人だったのだろう。

コミュニケーション能力に卓越した異才

○根本陸夫

私が、西武でプレーしていた時代の監督が、根本陸夫さんだ。私が分析する根本陸夫という人は、野球学に卓越した監督というよりは、球界において交渉能力、コミュニケーション能力がずば抜けた異才の人として印象に残っている。

まず、私が、よく覚えているのは、根本監督が3つぐらいの話をローテーションで語っていたということだ。といっても、話の内容を覚えているわけではない。

つまり、覚えていないほど内容のない話だったということ。ひとつは、集中力に関する話だった。「集中力を持って頑張っていこう」という話。これをAパターンとすると、もうひとつは、「積極的にいこう」という話。これがBパターン。もうひとつ、Cパターンの話があったのだが、その話はどんなものだったかまったく思い出すことができない。その3つを、1年間、グルグル回して話をしているだけだった。

だから、選手も、「また、あの話か」と、だれも監督の話など聞いていない。「こんな人がプロの監督なのか？」と、みんな思う部分もあったはずだ。

しかし、そんな根本監督だったが、人とのコミュニケーション能力、対人の交渉力に関しては、目を見張るものがあった。ひとつの例としては、実際に、私が聞いた話として、西武で活躍した投手の松沼兄弟（松沼博久、松沼雅之の兄弟）の獲得秘話がある。

松沼兄弟は、プロ入りを拒否していて、どの球団が交渉に行っても、「プロには行かない」と頑なに拒否していたのだ。しかし、根本さんが交渉に行った途端に軟化し、西武入りの運びとなったという。

やはり根本さんは、人の心を動かす何かを持っているのだ。実際、根本さんは、だれとでも友だちになれるタイプで、そういった独特の魅力を兼ね備えた人だった。スカウトの仕事の現場などは、初対面の人たちが多いと思うが、そういった場面では特に根本さんの魅力は発揮されたと想像できる。

私などは処世術もうまくできないので、根本監督からは確実に嫌われていたと思うのだが、引退後に西武球場に行ったときなど、遠くのほうから私を見つけ、根本さんのほうから、「よう、野村！」と気さくに声をかけてくれるのだ。たぶん根本さんは、すべての人に対して、このような接し方をしていたのだと思う。

周囲の人々に対して友好的に接し、敵をつくらない人だった。

ひと言で監督と言ってもいろいろなタイプの監督がいて、その能力も才能もさまざまであるということは言えるのだろう。根本さんの場合は、このコミュニケーション力を武器に、選手をまとめ上げていた。

ひとつ付け加えておくと、「よう、野村！」と親しげに話しかけてきた根本さんの目は、よく見ると笑っていなかったことを覚えている。本心をあまりさらけ出さないという人物像が、本当の根本さんなのかもしれない。

死球もいとわない球界一の気の強さ

○東尾　修

私の西武時代のチームメートで、エースとして君臨した東尾修は、打者の内角を鋭く攻め、たとえ死球になっても何とも思わないような気の強さが尋常ではない選手だった。

東尾は典型的な遊び人で、努力家とは正反対の選手だったが、打者を打ち取る技術には長けていた。スピードボールがあるわけでもなく、「よく、あんな遅い球で抑えられるな」と思わせるピッチャーだった。

私自身も彼の球を受けたことがあるが、コントロールはいいのだが、ボールは本当に遅い。もう面倒くさくて、素手で捕りたくなるようなボールだった。バッターにとっても手ごろなスピードで、つい強引に打ちに行ってしまい凡打してしまうのである。

シュート、スライダーのコントロールが非常によく、打たせて取るピッチングに磨きをかけて、通算251勝を挙げている。

東尾の最大の持ち味は、打者の内角を厳しく攻める投球術だ。打たれたバッターに対しては特に、ここぞというとき、たとえ死球になろうとも平気で内角の厳しいところを突いてくる。彼はキャッチャーのほうを見るのではなく、打者の目を見て、にらみつけながら投げてくる。大きな目をさらに見開いて投げてくるので、打者は、「これは当ててくるな」と一瞬ひるむ。そこで腰が引けてしまうので、インパクトまでにコンマ何秒か遅れ、打ち取られてしまうのである。

私は以前、東尾に「お前、ごっついへんてこなところに投げてくるときがあるけど、あれはわざとだろう?」と聞いたことがある。すると、東尾は、「ああ、わざとです」と平然と答えていた。その理由について東尾は、「わしらみたいなピッチャーは、そうでもしないともちませんよ」と話していた。

東尾は、死球、乱闘になる可能性などまったく恐れずきわどいところに投げてくるのだ。ここに東尾の真骨頂がある。この負けん気こそが、彼の最大の武器といえる。

こんな投球は、普通のピッチャーは怖くて到底できない。そこに東尾の変人たるゆえんがあるのだ。

名球会では異色の人格者

○王 貞治

ひとクセもふたクセもある人間が多いプロ野球界において、これぞ「人格者」と私が感心していたのが王貞治である。通算本塁打868本、巨人のV9の立役者であり、1977年には初の国民栄誉賞も受賞したスーパースターだ。しかしその人物像は、常に謙虚で、まわりを気遣う紳士的なものであった。変人ばかりの名球会においては、まさに異色の存在だ。

王の人格を物語るうえで、まず、思い出されるのが、彼があれだけ多くのホームランを打ったにもかかわらず、あからさまに喜びを表し、激しいガッツポーズをしたことがないということだ。

これは彼が高校時代にホームランを打ち、喜びを爆発させてグラウンドを1周した際に、それを見ていた兄から、「打たれたピッチャーのことを考えろ」と注意され、態度を改めたからだという。それ以来、王は常に対戦相手や特に敗者に対し、敬意と気遣いを忘れなかった。

王が、現役選手のなかで、最高年俸を取るようになったころからは、さらに周囲への配慮や、球界の第一人者としての責任ある言動を心がけるようになった。まわりで見ていた私も、さらに人間的に成長したと実感することがよくあったものだ。

王は特に、弱い立場の人への配慮を欠かさないところがあった。あるとき、王が新聞記者たちを連れて銀座に飲みにいったときのことだ。クラブで、記者のひとりが、専属歌手に曲をリクエストした。しかし、歌手が歌い出すと、記者らは、歌をまったく聞かずに大騒ぎしていたという。

そのとき、王が、曲をリクエストした記者に詰め寄り、「お前がリクエストした曲じゃないか。ちゃんと聞けよ。失礼じゃないか！」と声を荒らげたという。王が珍しく怒った出来事だったが、クラブの専属歌手という弱い立場の人間への配慮や礼を欠かさない、王ならではのエピソードだろう。

野球に対する鬼気迫るほどの真摯な取り組み方もすごかった。現役時代、王は毎晩の素振りを欠かさなかった。荒川博コーチの下で、天井からぶら下げた紙を、真剣で真っ二つに斬るという練習を行っていたことは有名だろう。

私が銀座で飲んでいるとき、王と偶然、出くわしたことがあった。こんな機会はめったにないので、一緒に飲んでいたのだが、まだまだこれからという夜9時ごろ、王は、「ノムさん、申し訳ないけど、お先に失礼します」と帰り支度を始めた。

私は「こんな機会はめったにないんだから、いいじゃないか」と引きとめたが、王は「荒川さんを待たせているので」と帰っていった。残された私は、もし逆の立場だったら、私はどうしただろうかと考えてみた。「たぶん帰れないだろう」と思い至ったとき、『俺はもうすぐ、王に抜かれるな』と悟った。

プレー中の集中力も、並外れたものがあった。私はキャッチャーマスク越しに、バッターボックスのバッターに小声で話しかけ、相手の集中力を削ぐ「ささやき戦術」を行っていたが、王にはまったく通じなかった。人がいいので、私のささやきにもよく応じてくれ、会話もすることがあったが、いざ投手が投球モーションに入ると、形相が一変するのである。そして、すさまじい集中力でピッチャーのボールに向かっていった。

王の野球人としてのすごさを表すもうひとつの逸話がある。それが「スパイ行為」に関わるエピソードである。

実は昭和40年代には、プロ野球界では、キャッチャーのサインをのぞき見る、いわゆる「スパイ行為」が流行っていた。キャッチャーのサインを観客席などからのぞいて、それを客席やベンチから打者に伝えるのだ。

もともとは、西鉄ライオンズの三原脩監督が、密かにキャッチャーのサインをのぞく行為をやらせていたことがはじまりのようだ。当時西鉄のキャッチャーだった和田博実に確認したところ、「のぞいていた」と言うから間違いないのだろう。三原監督は密かに行っていたようだが、それを巨人が真似をしたのか、巨人でも、のぞきを行うようになっていった。そしてそれが、他チームにも広く波及していったようだ。

当時、巨人の補欠の選手に、相羽欣厚という選手がいて、トレードで南海に来たことがあった。彼からいろいろな情報を聞き、巨人のサイン盗みの実態が明らかになった。パ・リーグでは近鉄が三原監督のころ、客席にサインの出し手の「男女のカップル」を置いて、そのカップルがくっついたり、離れたり、立ったり、座ったりすることでサインを出したらしい。パ・リーグは観客が少なかったからそういうこともできたが、巨人戦はそういうわけにはいかなかったのだ。

ファンの数が多い巨人戦では、キャッチャーのサインを盗み見て、どんなボールが来るかのサインは、ベンチからの声で伝えていたという。相羽によると、長嶋茂雄は、「内角のシュートが来るときだけ教えてくれ」と言っていたという。外角のボール、カーブなどは教えてくれなくていいということだったらしい。「内角のシュート」以外は、教えてもらわなくても打てるということだったのかもしれない。

しかし、一方の王は、「一切、教えなくていい」と言っていたというのだ。サインなど盗んで次のボールを事前に知らなくても、対応できるほどの優れたバッティング技術を持っていたということだろう。もしかしたら正義感の強い王だけに、「スパイ行為」自体を嫌っていたのかもしれない。私は相羽からこの話を聞いて、王の確かな技術力と、人間性のすばらしさにあらためて感心したものだ。

王の超一流の野球技術は、このような人間的な成長を土台としたものに間違いない。その優れた人間性はどう育まれてきたのか。それはもしかしたら、王が台湾出身ということが関係しているのかもしれない。昔は差別が強かった時代だったので、王もいろいろなことを味わい、苦労もしてきたのかもしれない。そのような環境が、王の人間性を形づくっているのかもしれないと私には思える。

人の話を絶対に聞かないへそ曲がり

○門田博光

私が南海の選手兼監督時代（1970〜1977年）に、南海の中心バッターだった門田博光は、指導者がアドバイスしてもそれを絶対に聞かず、むしろ右と言えば「左」、白と言えば「黒」と言うように、あえて逆を行くようなへそ曲がりの変人だった。

2年ほど前、門田とある雑誌で対談したことがあった。私は、開始30分前には、インタビューを行う場所に着いて待っていた。記者の人ももちろんすでにいたが、門田は約束の時間から随分、遅れてやってきた。部屋に入ってきた門田は、「こんちはー」と言って平然と席に着いて対談は始まった。

遅れてきたことに対して、「すいません」も、「お待たせしました」もない。さらに、インタビューが終わると、「じゃあ」と言って、「失礼します」の挨拶もなく、スーッと帰ってしまった。これは、監督時代の私の教育が悪かったからだと反省するしかないのだが、どこにいても、だれがいても、どういう状況であっても、マイペースで、礼を欠く門田の変人ぶりは、相変わらずかつてのままだった。

しかし、わが道を行くへそ曲がりの門田は、本当によくホームランを打った。44歳まで現役を続け、王と私に次ぎ通算ホームラン数は歴代3位の567本を放った。身長が約170センチと、プロ野球選手としては小柄な選手だったからか、体の大きな選手には負けたくないという意志を持ち、それが、門田の原動力にもなっていたようだ。

バッティングは常にホームランを狙ったフルスイング。ホームランの打ちそこないがヒットになっているといったつもりでバットを振っているようだった。

私は、このホームラン狙いで常にぶんぶん振り回す門田のスイングを、チームを意識したもっと確度の高いバッティングに変えてほしいと考えていた。そこで、「お前、そんなにバットを振り回して、どこまで飛ばす気なんだ?」と聞いたことがあった。

すると門田は、「監督だって、ホームランを狙っているでしょう」と食ってかかってきた。私は、「狙ってない。バットの芯に当てることしか考えていない。ヒットの延長がホームランだ」と答えたが、門田は、「いや、絶対に狙っている。監督はうそをついている」

と、聞く耳を持たないのである。

そこで、巨人とのオープン戦のときに、王がバッティング練習をしていたので、彼に門田に話をしてもらおうと思い立った。

「ワンちゃん、ちょっと来て」と、門田がいる場に王を呼び、「ワンちゃんは、ホームランを狙って打っているの?」と私は聞いた。

王は驚いて、「とんでもない。ノムさん狙ってるの? もし、狙って打てるのだったら、１０００本以上は打っていますよ」と答えて、練習に戻っていった。

私は、門田に「王も言っていただろう。あれだけホームランを打っている選手でも、狙ったことがないと言っているのだから、俺の言うことを信用しろよ」と、門田に言った。

さすがの門田も、これで納得するだろうと思っていたら、なんと今度は、「監督は王さんと口裏を合わせている、ずるい」と邪推してかかってきた。これにはもうあきれて、私も返す言葉がなかった。

結局、門田のこのフルスイングだが、ひょんなことから改善に向かい出した。私も監督として、もう何を言っても無駄だと思い出したころ、門田のへそ曲がりの性格を利用すればもしかすると効果があるかもしれないとアイデアが閃いた。ダメでもともとと思い、

「もっと、思い切り振ってこい」と、打席に向かう門田に逆の指示をしてみたのだ。

するとなんと、ホームラン狙いのフルスイングを封印し、コンパクトなスイングをしてくれたのだから不思議である。まさに人の言うことを聞けない性格を逆手に取った指示だったが、これが門田には以降、さまざまな場面で効果を発揮することになった。

また、門田には対戦相手のことを思いやる不思議なところもあった。ある試合で、相手チームの投手を南海がめった打ちにし、ベンチが沸いているときに門田は、「むこうの選手にも家族がいる。野球で飯を食っているんだから、加減せなあかん」とつぶやいているのである。

私は、「そんな同情をしても、相手は今度、お前には情けをかけないぞ」と注意したことがあったが、実際門田は、その試合ではその後、凡打を続けた。別の試合のときにも、3打数3安打したあとは、4打席目も同じ投手が相手だと必ず手を抜いていたように見えた。相手投手を思いやったのかどうかわからないが、門田とはそんな不思議なところがある選手だった。

球界では有名な「どケチ」

○古田敦也

プロ野球界には、「どケチ」ということで名が通っている選手が何人かいる。どのような選手に聞いても、「ああ、あの人か」と納得するような人がいるのだ。これは、球界が男の世界であり、また、「ケチ」であることが、その選手の人間としての値打ちを著しく下げる社会でもあるからだろう。

私がヤクルト監督時代の正捕手だった古田敦也も、そのひとりである。当時、ヤクルトが阪神戦、中日戦、広島戦で大阪、名古屋、広島に遠征に行った際には、選手らの親交を深めるための「焼肉食事会」がよく開催されていたという。

池山隆寛や広澤克実らが音頭を取って、「おーい、焼肉行くぞ!」とチームメートに声をかけ、みんなを引き連れて夜の街に出かけるのである。

プロ野球選手はたくさん食べるので、焼肉屋でもかなりの支払いになる。まだ給料が安い若手たちが肉を焼きながら、「今日の、ここの勘定はだれが支払うのだろう？」と気にして見ていると、いつも池山と広澤が交互に払っていたというのだ。

当時、ヤクルトにいた選手は、古田が食事会で支払いをしている姿を見たことがないと言っていた。またそのため、選手からの人望が、古田は著しく低いとも言っていた。

プロ野球界には、食事の際の「暗黙の掟」がある。食事や飲みに行った際には、最も稼ぎの多い選手が、黙ってサッと支払いを済ませるのである。同等の格の選手が複数いた場合は、その選手たちが交互に払うことになる。

私も、現役時代はずいぶん払わされたものだ。しかし、人よりも多くもらっているのだから仕方がないと思っていた。しかし、いつも私が支払いをしていると、だれかが、「今日は、俺が払うから」と、気を使ってくれる選手も出てくる。そういうときは、「じゃあ、頼むわ」というときもあったりして、自然に持ちつ持たれつやってきたものなのだ。

しかし、古田は中心選手で稼ぎも相当いいにもかかわらず、まったく支払いをしないというのである。

百歩譲って、もしお金を払いたくないのなら、食事会には参加しなければいいのだ。しかし、しっかり参加しているということは、『タダで飯が食える』と思って来ている、と思われても仕方ないのだ。

男のケチはまわりの評価を落とす。金払いが悪い男は人望がない。周囲からは信頼されず、若手の信頼も得られない。周囲の信頼を得られないことで、それが、いずれ仕事にも影響が出てくる可能性があり、決してプラスにはならない。

また、古田は女性にも手が早いという一面があった。ケチで女に手が早いということで、より評判を落とす結果になっていたようだ。

頭のいい古田が、そういうことがわからなかったのだろうかと思うのだが、そのような評判は、あまり気にしなかったのだろう。

古田がキャッチャーとしては成功できたが、監督としてはいまひとつだったのも、こういうところが影響しているのかもしれない。

「紙一重の天才」
○新庄剛志

新庄剛志という選手は、生まれ持った高い身体能力を持っていながら、「考える」という行為がまったく苦手だった。これまで何も考えないでも、プロの第一線でやってこられたのは類いまれな素質のおかげであり、その意味では天才タイプだ。しかし、何も考えない。「バカと天才は紙一重」とはよく言うが、彼はまさにそういう人間だ。

何も考えていないのだが、何でもできるという自信だけはある。あるいは自信というより過信は持っていた。ある日、新庄が、「ヒットでいいなら、いつでも打ちますよ」と言ってきたことがあった。私は、「もちろん、ヒットでいいから打ってくれ。お前にホームランなんか期待してないよ」と、冗談交じりで言ってやったものだ。

私の新庄に対する印象は、「バッティング以外は一流」というものだった。肩や足については、超一流と言えるものを持っていた。これまでも肩の強い選手は見てきたが、新庄の強肩は別格だった。センターからの送球を見るだけで、釘づけになった。

しかし、これだけ才能を持っていながら、それを生かすための考え方が彼には備わっていなかった。まさに、「天は二物を与えず」という選手の典型だったのだ。

その意味では、本当に惜しい選手だった。おそらく最初に入った球団が、阪神であったことが間違いだったのだろう。もし、巨人のような厳しい球団に入っていたら、もう少し野球に対するしっかりとした考えが身につき、その後の彼の野球人生は変わっていたかもしれない。

しかし、私が彼と出会ったときにはすでに、「考える」ことができない選手になっていた。私が阪神の監督就任直後の秋季キャンプで、バッティングについて彼にアドバイスをしたことがあった。ごく基本的なことであったが、私が最後まで言い切らないうちに、「待ってください。これ以上言われてもわかりませんので、また今度にしてください」と言うのである。

このようなタイプの選手には、いくら論理をもって心を動かそうと思ってもなかなか難しい。私の野球論をいくら説いても、心に届かないのである。

私は人を動かすには3つの方法があると常々思っている。「論理」、「利害」、「感情」である。新庄のようなタイプには、論理は通用しない。利害で動かそうとしても、年俸を払うのは球団だから、私にはどうもできない。残るは感情で、彼を動かすしかないと考えた。

1999年、春季キャンプで新庄にピッチャーやらせたのには、そのような狙いがあった。目立ちたがり屋の新庄に、楽しく野球をやらせるという目的である。

新庄を呼び、「野球は9つのポジションがあるが、やってみたいポジションをやっていいぞ」と言ったら、「もちろんピッチャーですよ」と彼は答えたのだ。実際に、新庄はうぬぼれ屋の面があるので、性格的にはピッチャー向きだと思った。

もちろんオープン戦だからできたことではあるが、この経験は新庄にとってもプラスになったはずだ。自分でやってみて初めてわかることがあるのだ。実際にピッチャーをやって、ストライクを取ることがどれだけ難しいかということが、彼もわかったと思う。新庄の野球に、少しではあるが変化が見られたのだ。

クソボールに手をあまり出さないようになり、それまでの上半身に頼ったバッティングから、下半身を使うバッティングに変化していった。

「人を見て法を説け」ということわざがあるが、まさしく一人ひとりの個性や状況に合った指導が大切だということだ。この選手でうまくいったから、あの選手も同じように指導すればうまくいくということは決してないのである。新庄はそのいい例でもあった。

努力を決して他人に見せない阪神三奇人のひとり

◯藤田　平

阪神生え抜き打者で唯一、名球会入りした藤田平は、非常にユニークなプロ野球人のひとりだった。

高校野球が生んだ天才と騒がれて阪神に入団し、18年間打撃ベスト10に名を連ねてきた。ただ性格は、非常におとなしく、無口で、地味な男だった。スポーツ紙の一面を飾るようなことも、ほとんどなかった。

また、身のこなしにメリハリがなく、覇気が前面に出ない選手だったので、周囲からは、「やる気がない」と誤解されることもあったようだ。チームメートとのつき合いも非常に悪く、夜の街への先輩や仲間の誘いも藤田は断り続けたという。

チームメートは、つき合いの悪い藤田を、「行かずの藤田」と揶揄した。「ほんまに、つき合いの悪いやっちゃ」、「おまえの活躍で、わいはもうクビや」などと皮肉を言われたそうである。そのようなこともあり藤田は、阪神三奇人のひとりと言われていたという（他の二人は遠井吾郎。藤井栄治）。

かく言う私も藤田と似たタイプで、普段の動作にメリハリがなく、感情むき出しのプレーも少ないので、まわりからは、「おまえ、やる気あるのか?」、「おまえ、悠々と動いているよな」などと嫌味を言われたり、怒られたりしたものだ。私としては一生懸命にやっているつもりなのだが、外から見るとそう見えてしまうようだった。

さて、先輩や同僚の遊びの誘いを断って、藤田が何をしていたのかというと、ひたすら素振りである。藤田は人一倍練習熱心な男だったという。ただ、その努力しているところを、周囲に見られることを極度に嫌うという変わったところがあったという。

ひっそりと、ただひとり黙々と練習することを好んだ。藤田が素振りをしていて、人が近づいてくる気配を感じると、素振りをピタッとやめてしまうのだという。

ある記者が藤田が黙々と素振りをしている場面に出くわし、近づいていくと彼はピタッと手を止めたという。「こんな夜に熱心ですね。えらいもんですね」と記者が話しかけても、「え?　なんのこと?」と藤田はしらを切り続けたという。

そして、まわりにだれもいなくなると、また素振りを始めたという。こうして人の何倍も、彼は練習した。

決して自分の汗をかく姿を他人に見せなかったのは、彼の美意識だったのか、それとも企業秘密だったからか、それとも他の選手を出し抜くためだったのか。いずれにしても変わり者の選手であったことは間違いない。

「スイング音」で相手を震え上がらせたバッター

○中西 太

「怪童」と呼ばれた強打者、中西太さんは、豪快なバットスイング、驚くような飛距離で多くのファンの心をつかんだ。

実は、私が初めてプロ野球を生で見たのは、高校の修学旅行のときで、後楽園球場の阪急―西鉄戦だった。中西さんは私より2歳年上で当時まだルーキーだったはずだが、すでに西鉄打線の主軸を担っていた。

その後、私が南海に入団し直接対戦することになるのだが、そこで驚いたのが、中西さんのスイング音だ。三塁側のネクストバッターズサークルで中西さんが素振りをしていると、「ブンッ!」という鋭い振動音が、一塁側の我々のベンチにまで響いてくるのだ。

そんなバッターは、後にも先にも見たことがなかった。中西さんの素振りの音は、南海のベンチを恐怖に陥れるものであった。

また、その豪快なスイングから弾き出されたボールは、どこまでも飛んでいくようなライナー性の軌道を描いた。

１９５３年には、大映の林義一さんから、１７０メートルを超えたともいわれる特大のホームランを打った。そのとき、打たれた林さんは、「手を伸ばせば捕れると錯覚するようなライナーだった」と言っている。しかし、そのライナーがバックスクリーンを超えていったのである。

また、対南海戦での、平和台球場のセンターに打ち込んだライナー性のホームランもすごかった。南海のセカンドの岡本伊三美さんがキャッチしようとしてジャンプしたライナー性の打球が、そのままセンタースタンドに飛び込んだのである。ベンチに帰ってきた岡本さんが、「捕れる打球だと思ったが、まさか入るとは」と驚いていた。

大阪球場のはるか場外まで打球を飛ばしたこともあった。当時、南海が使っていたボールは、飛ばないことで有名で、打った瞬間はホームランのように見えても、みるみる失速して平凡な外野フライに終わることが何度もあった。中西さんは、その飛ばないボールを場外まで飛ばしたのだ。

しかし、中西さんの全盛期は短かった。全盛期は1952年から58年までの7年間だった。その間に、首位打者2回、ホームラン王5回、打点王3回を獲得し、1953年と56年にはホームラン王と打点王、1955年と58年には首位打者とホームラン王の2冠を獲得している。実質7年間の活躍になったのは、腱鞘《けんしょう》炎のためである。

もし、この負傷がなければ、私より先に3冠王を取っていたのは間違いないだろう。

徹底した利己主義者

○鈴木啓示

チームスポーツである野球という競技のなかにおいて、自分のことのみを第一に考える、徹底した利己主義を通した変人、それが鈴木啓示と言えるだろう。

彼の人間性がわかるおもしろいエピソードがある。１９７５年のシーズン、鈴木啓示が近鉄の押しも押されもせぬエースであった時代のことだ。阪急と近鉄が9月後半に優勝争いを演じるなか、直接対決3連戦があった。その最終戦、エースの鈴木啓示を投入すれば、確実に逃げ切れるという試合展開になった。

当時はストッパーという専門職がない時代だったから、そのような天王山ではエースが先発、リリーフの区別なく、連投もいとわず投げることが当たり前だった。しかし、この大事な場面で、鈴木は結局登板せず、近鉄はその試合を落としてしまった。鈴木が投げればほぼ勝てたと思えただけに、なぜ投げさせなかったのか、私は不思議でならなかった。

この試合の翌日、近鉄は南海との試合だったので、私は試合前、バッティングゲージの後ろでバッティングを見ていた近鉄・西本幸雄監督に近づき、「昨日はなぜ、鈴木啓示を投げさせなかったんですか?」と疑問をぶつけた。

すると、西本監督は、「そうやろ。でも、本人が絶対にリリーフはしないと言い張るんだよ。お前、鈴木に言ってやってくれないか」と私に話すのである。

そこで私は鈴木啓示を呼んで、次のように話した。

「お前はエースだろう。エースの定義を、お前は理解しているのか。トータルで二ケタ勝ったからエース、数字を残したからエースではない。チームのことを常に第一に考えていて、監督に『お前ら、鈴木を見習え』と、言わせるような言動をするのがエースだ。昨日の試合も、自分から『監督、僕が行きましょうか?』と言うぐらいでなければならないのに、監督の指示を断るとは、それでもエースか。お前は、自分のことしか考えていない。チームのためということは考えないのか?」と、他チームの選手ではあるが、遠慮なく私なりのお説教をした。

しかし、返ってきた鈴木啓示の言葉は、「無理して投げて、肩を壊したら、だれが面倒を見てくれるんですか？」だった。これは、もう話しても無駄だと思った。普通、エースと呼ばれ、まわりからそう見なされているのならば、ここぞというときは意気に感じて活躍してもいいものだが、彼にはチームに貢献しようという発想が不思議なほどないのだ。常に自分のことだけで、徹底した利己主義なのだ。この鈴木の価値観は、このあとの近鉄という球団のカラーをつくっていったという側面もある。

私も元近鉄の選手を何人も見てきたが、多かれ少なかれこの鈴木イズムと思われる利己主義を持っているのだ。中心選手がチーム第一を実践できないようであれば、その下の選手たちにもそれは受け継がれ、自然とそのチームの価値観になっていくものなのだ。

しかし、鈴木の利己主義も、彼だけのせいとは言えない部分もある。彼が巨人のエースであったら、もしかしたら、また違ったキャラクターに育っていたかもしれない。

当時の近鉄は弱小チーム。弱いチームのエースは、往々にして自分のことしか考えないようになるものだ。どんなに頑張ってもリーグ優勝や日本一になれない、下位が当たり前と感じていれば、個人記録のことしか考えないでプレーするようになるものだ。また、そうした選手がいるからこそ、チームも下位に低迷するという悪循環に陥っていく。

その意味では、環境が人を育てるという実例であると言えるかもしれない。

第２章
型破りな選手たちが見せた野球への執念

豪快に見えて実は繊細、二面性を持った変人

○江夏 豊

阪神の大エースとして一時代を築いた江夏豊は、間違いなく奇人変人の部類に入る選手だろう。

江夏は、奇抜なヤクザファッションの外見、日々のわがままな振る舞いもあって豪快に見えるが、内面は意外に神経質で繊細な人物である。江夏のキャラクターの特徴は、その二面性にあるのではないかと思う。

1976年、私が南海の監督時代、江夏は移籍してきた。江夏は、豪快に飲み歩くイメージがあるが、実は酒は一切飲まなかった。しかし毎晩、自宅には帰ってこないという。朝まで麻雀をやっていたのだ。

徹夜で麻雀をしてから球場に来るので、球場入りしたらそのまま医務室に行って寝るの

である。そして、若い選手に、「俺の出番が来たら起こしに来い」と頼んで、グーグー寝ているような選手だった。いまの球界ではまず考えられないような、わがまま放題の選手だった。

ある日、江夏の奥さんの母親が私の自宅マンションに来て、「（私の自宅の）隣のマンションを買ったので、江夏をしっかり監視してほしい」と言う。聞くと、江夏があまりにも自宅に帰ってこないので、「娘がかわいそうで、かわいそうで……」と、涙ながらに訴えるのだ。

そこで、しかたなく私が、江夏の生活指導までするような羽目になった。実際に江夏は、私の隣室のマンションに引っ越してきて、何かあると、すぐに私の部屋にやってくるようになった。

江夏は車の運転をしないので、私の運転する車に乗って球場に通うことになった。球場からマンションに帰るときは、私が江夏に、「帰るぞ」と声をかけ、まるで私は江夏を送迎する運転手のようだった。

帰って自宅で食事をすると、私が見張っているので麻雀にも行けず、江夏は毎晩のように私の家にやってきた。

彼は家にやってきても、野球以外の話は一切しなかった。そのかわり野球については、よくそれだけ話すことがあるな、と感心するほどずっと語っているのだ。

私が江夏の球を受けていることもあり、その日の投球を話題にし、「なぜ、あの場面でまっすぐだったんだ」、「その理由はなんだ」といった彼の疑問から話は始まることが多かった。そこから話題はどんどん広がっていき、ついには朝まで野球談議をしていたということもしばしばあった。

豪快に見える江夏だったが、実際は頭を使ったクレバーな野球をするタイプだった。野球に対してとても研究熱心で、バッターの心理やちょっとした仕草などにも非常に敏感で繊細なところを持ち合わせていた。

それはマウンド上でのロージンバッグの置き方にも表れていた。多くのピッチャーは、指先にロージンをつけたあと、マウンド上に無造作に投げ落とすことが多いのだが、江夏の場合は、必ず投げることなく丁寧にマウンド上に置くのである。この仕草に気づいたとき、江夏とは「豪快に見えて、実は繊細な男である」という私の人間観察が正しいと確信したものだ。

江夏のわがままは、阪神という球団によって増幅されたものともいえる。最も多感な18

歳から22歳の間に、しっかりした球団に入っていれば、彼の人生も変わっていたかもしれない。

阪神は、新人教育に熱心ではないし、選手は自由放任である。また、もっとも悪影響なのは、独特の「タニマチ」の存在だ。

阪神のような人気チームになると、ひいきの選手をいろいろと支援して近づこうとする、いわゆる「タニマチ」と呼ばれる人たちがたくさんいる。

たとえば、遠征に行ったときなど、ホテルや旅館から選手がほとんどいなくなるのだ。たいていは、その土地のタニマチに連れられて、食事や飲みに行っているのだ。選手を連れて歩くほうは、「この選手は、俺が面倒を見ているんだ」と自慢をし、それがタニマチにとっての至福の瞬間でもある。

選手もチヤホヤされて飲み歩くほうが心地よく、練習に身が入らなくなってしまう。だから、阪神というチームは強くならないと、阪神の監督を務めたとき私は思ったものだ。

江夏にとっても、阪神でプロ野球人生をスタートしたことが、わがまま放題のキャラクターになっていった大きな原因だと思える。

江夏のファッションは、私から見ても「何だ、このセンスは！」と思うほどのものだった。あるときテレビ番組で対談することになったのだが、そのときの江夏の服装は、グリーンのタータンチェックのジャケット、下に黒のチョッキと黒の幅広ネクタイ、黒のスラックスというもので、どうにもいただけないものであった。

このようなファッションも、若い時期に、しかるべき教育をする指導者に出会っていればしていないはずだ。その意味でも、江夏は若いころに、いい指導者に巡り合えなかったのだと言えよう。

巨人も阪神以上の人気チームで、多くのタニマチがいるが、タニマチに溺れて駄目になってしまう選手は少ないように見える。巨人というチームは常にある程度以上の強さを維持している。

それは、V9時代の川上哲治監督が残した厳しい伝統があるからだ。川上さんは、門限破りや怠慢プレーに対する罰金制度をつくるなど、選手管理を徹底した。ONに対しても特別扱いしないことで、選手が自分で自分を律する伝統がつくられていったのである。

いまの球界を見渡すと、江夏ほどわがままで我の強い選手はいないように思える。それだけ、球団が選手をしっかり管理するようになってきたということだが、選手が年々小粒になっているという意味では、少々さみしさを感じるのは私だけではないだろう。

バッティング職人という変人
○杉山光平

往年のファンからは「円月打法」で知られ、南海時代に私と一緒にプレーした杉山光平は、まさに変人奇人の代表例だ。よく言えば、非常に職人気質で、野球人生のすべてをバッティングに捧げたような選手で、基本的に打撃にしか興味がないように私には見えた。

彼の不思議なところは、とにかくバッティングの「構え」に執着し、見るといつも、鏡の前で構えのチェックばかりしていることだ。構えばかりで、素振りをしているところなど、ほとんど見たことがないのだ。

また、ライトを守っていたのだが、守備位置についていても、ふと彼を見ると、構えをやってバッティングのことを考えているのだ。

この独特の彼の構えは、頻繁に微妙に変わるのだが、「円月打法」と言われるユニークなものだった。

バットのヘッドを地面に向けて垂らしたような構えで、この打法で大いにチームに貢献したのだ。専修大から1952年に近鉄入りしたが、近鉄では監督との確執などもあり、不遇なときを過ごし、結果も残せなかったという。しかし、1954年に鶴岡監督に引っ張られて南海に移籍して以降、その独特のバッティングセンスが花開き、職人的選手として人気を博した。

杉山の奇人変人ぶりは、プライベートでも終始一貫していた。

チームのだれともかかわらず、友だちはひとりもいなかった。遠征などに行っても、ホテルや旅館ではひとりで過ごし、夜もひとりで飲みに行っていた。グラウンドやそれ以外の場所でも、だれか他の選手と親しげに話しているところなど、ほとんど見たことがなかった。

選手たちとの密接な人間関係はほとんどなかったが、鶴岡監督に対してだけは、自分を南海に引っ張ってくれたことを恩と感じていたのか、親分として慕う気持ちがあったようだ。

鶴岡監督が退任する際に、それを引き止めるために選手会のメンバーと一緒に、監督の自宅にまで熱心に説得に行ったこともある。

奇人変人で通った杉山だったが、南海のためには大貢献した選手だった。チャンスにはめっぽう強かったのだ。当時は、西鉄の黄金時代だったが、西鉄戦で大事なところでよく打ったものだ。

チャンスになればなるほど本領を発揮する選手だったが、逆に、ここで打っても仕方がないというときは、ストライクを3球見逃して帰ってくるような選手だった。

チャンスのときは目の色が変わり、すごい集中力を発揮したが、そうではないと、まったく打つ気をみせないこともあった。「もっと集中力をもってやれ」と指摘したとしても、たぶん聞くような選手ではなかっただろう。もっと数字を残せたはずなのに、そういうことにも興味がなかったのかもしれない。いま思い起こしても、まさに奇人変人の最たる人物だった。

なぜかピッチングに無関心だった名監督

○西本幸雄

西本幸雄さんは大毎、阪急、近鉄で通算20年監督を務め、8度のリーグ制覇を果たした名将である。しかし名監督・西本さんは、ピッチングにはまったく興味を示さない不思議な監督だった。

西本さんが興味を持っていたのは、もっぱらバッティングだった。たしかにバッターを育てるのがうまく、のちに日本歴代1位の通算盗塁数を記録する福本豊も、西本さんが育てたと言っていいだろう。とにかく試合前の練習でも、いつもバッティングゲージの後ろに陣取って、西本さんは練習を見ているのだ。正直言って、私は一度も西本さんがブルペンにいる姿を見たことがなかった。

なぜピッチングを見ないのか、それがどうしても不思議で、ある日、思い切って尋ねてみた。

「西本さんが、ブルペンでピッチングを見ている姿を一度も見たことがないのですが、野球はピッチャーが大事なのに、興味がないんですか？」と聞くと、「俺は、ピッチャーのことはわからん」というひと言。そして、「だれか、いいピッチングコーチいねえか？」と逆に聞かれてしまい、こちらのほうが答えに窮してしまった。

私は、西本さんの現役晩年をかろうじて知っているが、バッティングは決してすばらしくいいというわけではなかった。それなのに、それほどまでにバッティングに入れ込むのは、自分ができなかったバッティングを後輩に託しているという見方もできる。ただ、バッティングに入れ込んだとしても、ピッチングをまったく見ないというのは監督としてあり得ないことだ。

野球の勝負を決める要因の7～8割はバッテリー、つまりピッチャーとキャッチャーなのに、そこに興味がないということが、8度もリーグ優勝をしていながら、一度も日本一になれなかった要因のひとつではないかと私は思っている。

西本さんの8度の日本シリーズで、私も強烈に印象に残っているシーンがある。たぶんあのときが、西本さんが最も日本一に近づいたときであっただろう。

1979年の日本シリーズ、大阪球場で行われた近鉄―広島の第7戦のときだった。1点近鉄のビハインドで、9回裏近鉄の攻撃。ノーアウト満塁となり、勢いは完全に近鉄にあった。しかし、近鉄は、三振とスクイズ失敗などで1点も挙げることができず、広島が日本一に輝いた。このとき私は、ちょうどキャッチャーの後ろの最前列の記者席で観戦していた。

9回裏ノーアウト満塁になったときだ。私は、西本さんがふと見せた表情を見逃さなかった。普段は厳しい表情の西本さんの口元が心なしかニタッとゆるんだのである。西本さんはこのとき、「勝った」と思ったに違いない。しかし、勝負は「勝った」と思ったときがいちばん危ない。「勝った」と思った時点で、まわりが見えなくなるのだ。西本さんの表情を見て、「これは危ない」と私は思った。「笑うのは勝ってからにしたらどうですか」と心のなかで思ったが、案の定、近鉄は大チャンスをものにできずゲームセット。広島が日本一に輝いたのだった。

あの勝負師、西本さんが絶対的なチャンス到来に、つい油断してしまったのかもしれない。私にはあの西本さんの、なんともいえぬ表情がいまでも脳裏に焼きついている。あのシーンから、「江夏の21球」が生まれたのである。

ケンカ野球の筆頭

○張本　勲

東映のケンカ野球の切り込み隊長として、その筆頭に、暴れん坊の張本勲がいた。張本の野球は、まさにケンカ野球で、ランナーに出ると足を上げるスライディングで突っ込んできた。私も、張本の足上げスライティングに何度か吹っ飛ばされたことがある。

暴力野球が板についていたが、だからといって、張本は乱闘などで大暴れをするようなことはなかった。退場させられては意味がないので、そのようなバカなことはしないタイプだった。

しかし、ちょっと危ないところにピッチャーのボールが来たりすると、「この野郎！」とすごい形相で睨むので、その威圧感はすごかった。

張本がボールだと判断して見送ったボールを、球審が「ストライク」とコールしたときなども、球審をものすごい形相でギロリと睨むのだ。それが度重なると、球審は恐れをなし、微妙なコースを今度はすべてボールと判定するようになる。

張本の睨みの効果で、明らかにストライクなのにボールと判定されたこともあり、さすがに私は球審に、「張本が怒って手を出してきたら、私が体を張って守りますから、きちんと判定してくださいよ」と、球審にお願いをしたこともあるほどだった。

実際に、球審に手を出すことはなかったが、あの顔ですごまれたら、たしかに普通の人は震え上がるだろう。張本は、自分の怖い顔を利用することがとてもうまかったのだ。

余談ではあるが、張本には、私のささやき戦術はまったく通用しなかった。しかし一度だけ、ある日、「ハリ、うちのピッチャーはもうすぐ子どもが生まれるんや。これからも稼がにゃいかん。あまりしんどい思いをさせんといてくれ」と、泣き落としのささやきを言ったときだけは効果があったようだ。

張本は、「ノムさん、そういうのはやめてください」と、真顔で反応してきた。張本も苦労人なので、その言葉は響いたのだろう。

また、自分のチームの東映の選手に対しても、睨みを利かせていた。たとえば、一塁ランナーに当時の東映の俊足・大下剛史を置いて、張本が打席に立ったときである。通常ならば、大下は二塁を狙おうとするが、張本は、大下に「ちょろちょろするな！　走るんじゃない。じっとしとれ！」とバッターボックスから怒鳴り、リードを取ることも許さなかったという。

一塁にランナーがいれば、ファーストもベースを離れられず、結果、一二塁間が空く。すると、自身のヒットが出やすくなるというわけである。

さらに、レフトを守っているときなど、左中間にフライが飛んでも本気で追わなかった。センターに「お前行け！」と命令して終わりだったという。

いまの球界から見たら、信じられないような選手ではあるが、私のプレーしている時代には本当にいたのである。

これだけアクの強い選手だからこそ、球史に残る大記録を残せたのかもしれない。首位打者のタイトルを7度獲得、日本プロ野球史上1位の通算3085安打を記録している。

阪急の野球を進化させた荒くれもの

○ダリル・スペンサー

私が南海で三冠王のタイトルを獲ったとき、最後までホームラン王を争ったのが、阪急のダリル・スペンサーだ。現役メジャーリーガーで、身長193センチ、体重93キロの巨体で、気性の荒さも際立つ選手だった。

相手の敬遠策に腹を立て、バットを逆さに持って打席に入ったり、4つボールを待たずに一塁へ歩き出すようなことをしたこともあった。なかでもいちばん印象に残っているのが、その巨体で体当たりするような激しいスライディングだ。それまで日本ではあまり見られなかったこのラフプレーが、彼の代名詞と言ってもいいだろう。

1960年代、阪急―南海戦では、スペンサーがファーストに出塁していたとき、ショートにゴロが飛び、6―4―3のダブルプレーとなるようなケースでは、当時、南海のセカンドだった国貞泰汎が突っ込んできたスペンサーに吹っ飛ばされてダブルプレーを取れないということがあったものだ。

私自身も、スペンサーには、怖い思いをよくさせられた。彼が三塁ベースを回って本塁に突っ込んできたときなどは、本当に恐怖だった。足を上げて突っ込んできたり、肩からタックルしてくるときもあった。実際に、スペンサーに体当たりされ、吹っ飛ばされたことがある。

私が吹っ飛ばされて起き上がってみると、すでに両軍入り乱れての乱闘になっていたこともあった。そのときは、ベンチの味方選手が、私が吹っ飛ばされると察知して、本塁でのクロスプレー前にベンチから飛び出してきていたという。私が吹っ飛ばされると同時にスペンサーに詰め寄り、それに対しスペンサーが反撃し、乱闘になっていたのだ。

当時、南海にブルームという選手がいた。ブルームがファーストに出塁した際、併殺打コースの打球が飛んで打者アウトになり、帰塁しようとした。ファーストの守備はスペンサーだったので、これまで味方チームの選手たちが受けてきた被害のお返しをしようと、スペンサーに対して激しいスライディングをお見舞いしたことがあった。

しかしなんとスペンサーは、そのブルームのスライディングをひらりとかわしたのである。まるで、メジャーリーグを見ているような光景だった。スライディングが一流のスペンサーは、スライディングのかわし方も一流だった。

これには後日談があり、このスライディングが原因で、ブルームは脇腹を骨折していた。まさに自爆である。

このような激しいラフプレーが売りのスペンサーであったが、実は、野球に対する繊細さ、緻密さも持ち合わせていた。彼は、相手ピッチャーのクセを見抜いて、球種を読むことに長けていた。また、野球の戦術についても研究熱心で、配球の傾向なども探っていた。

スペンサーは、打順を待っているとき、ネクストバッターズサークルに入らず、必ず、キャッチャーの斜め後方に立つのだ。そこから常に、ピッチャーの球筋やクセを見極めていた。

メジャーでもクセを読むのが上手いと有名な選手だったようだが、彼はピッチャーの手首の筋に注目していたという。投げる際に手首の筋が立っているか、立っていないかで、どのような球種を投げるのか見抜くのだ。「筋が見えればカーブ、見えなければストレート」とピッチャーの傾向がつかめれば、それをチームの他の選手たちに教えていた。自分のバットをマスコットバットで1回たたけばストレート、2回たたけばカーブというやり方で合図を決めて伝えていたらしい。

その結果、阪急の野球が明らかに変化していった。スペンサーに教えられるだけではなく、他の選手たちも、自分でピッチャーのクセを見破ろう、サインを見破ろうとしたりするようになったのだ。結果、阪急のバッターには、ピッチャーのクセを探すのが上手い選手が多数育った。

１９６０年代前半、阪急は毎年Ｂクラスの弱小チームだったが、その阪急を強豪チームに変えたのはスペンサーの功績が大きい。野球の戦術、戦い方を熟知したスペンサーの影響を受け、ミスタープレーブスと言われた長池徳士をはじめ、高井保弘、大熊忠義、森本潔らが育っていったのだ。

スペンサーはこれらの収集した情報を克明なメモにしており、帰国する際、それを置き土産として阪急に残していったという。それが１９７０年代の阪急の黄金時代をつくることに役立ったはずだ。

ラフプレーを辞さない激しいプレースタイルと、ピッチャーのクセを見破る研究熱心さで、日本のプロ野球に新機軸をもたらした選手といえる。

感性の鋭い大エース

○稲尾和久

西鉄のエース、稲尾和久は、ホップするような伸びのあるストレートと、右打者の外角に滑って消えるようなスライダー、内角をえぐるシュート、抜群のコントロールを駆使して、通算276勝を挙げた大投手である。

1958年の日本シリーズでは、西鉄が、巨人に3連敗の危機から4連勝して日本一に輝いた。同シリーズでは稲尾が連投し、全4勝を挙げ、優勝に大きく貢献し、「神様、仏様、稲尾様」と言われたのだった。入団から8年連続20勝、3年連続30勝、1シーズン42勝などさまざまな球界記録を持ち、間違いなく日本を代表する大エースであった。

しかも彼は、エースピッチャーにありがちな自己中心的なところもなく、常に紳士的で人格者であった。イニングが変わるたびに、自分の投球で乱れたマウンドを常にきれいにならしてから、相手ピッチャーに譲っていたという話は有名だ。また、打者として彼と数々の勝負を繰り広げた私にとっては、鋭い感性を持っているとても頭のいい投手という印象が強い。

私が南海にいた当時は、南海―西鉄というカードは、セ・リーグにおける巨人―阪神戦に匹敵するカードで、大阪球場はいつも超満員だった。私にとっても西鉄には負けたくないという思いが強く、その西鉄のエース、稲尾の攻略は至上命題であった。

当時の南海の鶴岡一人監督にとっても、三原脩・西鉄監督とのライバル意識もあっただろう。ある日、球場に入ると、鶴岡監督に通路で出会い、「お前は安物のピッチャーはよう打つが、一流は打てんのう」と嫌味を言われたことがあった。「一流とは、だれのことを言っているのだろう」と思ったが、すぐに、「ああ、稲尾のことを言っているのだな」と、ピンと来た。

鶴岡監督の嫌味は、私にとってかなりこたえるものだった。実際に、当時の私は、稲尾にカモにされているような状況だったからだ。年間42勝もするようなピッチャーを、テスト生上がりの私が簡単に打てるわけがないのである。

当時私は、メジャーリーグの強打者で最後の４割バッターといわれた、テッド・ウィリアムズの『打撃論』という本を読んでいたのだが、その本のなかの、「私は、バッターボックスに入ったら、相手ピッチャーの投げてくる球が、ストレートか変化球か、7割から8割わかる」との一節に釘づけになった。「そんな手があったのか」、「それがわかれば打ちやすくなる」と考え、変化球を打てず、バッティングの壁にぶつかっていた私は、ピッチャーの研究、ピッチングのクセ探しに活路を見出そうと決意したところだった。

稲尾攻略も、彼のピッチングを徹底的に研究することで対処した。まだビデオがない時代だったので、友人に頼んで16ミリフィルムをネット裏から回してもらった。そして撮影した稲尾の投球を、フィルムが擦り切れるほど見たのだ。「擦り切れるほど」というのは、まさにこのことを言うのだろうというくらい、繰り返し繰り返し嫌と言うほど見た。そうしてとうとう、ほんの少しだがクセをつかんだのだ。

投球時にボールの白い部分が多く見えたり、少なく見えたりするかすかな違いがあることに気づいた。そして、白い部分が少し広めだと変化球、スライダーで、それが少し狭くなると直球であったのだ。最終的な確認をグラウンドで行ったら、まさにその通りであった。

ついに稲尾の投球のクセをつかみ、それによって私は、稲尾攻略に成功したのである。

しかし惜しいことに、オールスターのとき、南海のエースの杉浦忠が稲尾に、余計なことを言って、私の苦労が水泡に帰してしまう。

私が稲尾と杉浦と3人でベンチに座って、セ・リーグのバッティング練習を見ていたときのことだ。杉浦が稲尾に、「サイちゃんよ」と話し出した。稲尾は、目が細くて、動物のサイに似ていることから、「サイちゃん」というニックネームで呼ばれていた。

「サイちゃんよ、野村はよう研究しとるで」と言い始めたのである。私は、「やめとけ」と制したのだが、時すでに遅しである。この言葉を聞いた稲尾の顔色がパッと変わり、一瞬、真剣な表情になった。それまでカモにしていた私からよく打たれるようになって、何かあると思っていたのだろう。これで私は、稲尾に気づかれたかもしれない、と不安になった。

かくしてオールスター後の初めての稲尾との対決を迎えることとなった。稲尾の握ったボールの白い部分が広く見えたので、変化球と判断し、1球様子を見るために見送った。すると、意に反して真っ直ぐが来たのだ。「あれッ」と思い、稲尾を見ると、ニタッと笑っていた。私の研究がばれてしまい、稲尾はすぐに投球のクセを変えて対応してきたのだ。杉浦のあのひと言から、ここまで気づき、対応するとはさすが頭のいい稲尾である。

その後も私と稲尾の化かし合いは続くのだが、その過程で、稲尾は他球団の知り合いにも、「最近のバッターは、ピッチャーのこんなクセを見ているらしい」と言いふらしていった。そのことがきっかけで、日本のプロ野球でも、ピッチャーがボールを握った手元をグラブでしっかり隠すようになっていった。

グラブで手元を隠すのは、メジャーの習慣が日本で広まったからだと言う人もいるが、実は、私と稲尾との、投球のクセをめぐる化かし合いがそのきっかけであるのだ。

ピッチャーのクセ探しに賭けた執念の人

○高井保弘

通算代打ホームラン27本という世界記録を持つ、世界の代打男が阪急の高井保弘である。高井は、パ・リーグの情報野球の先駆者で、1打席にすべてを賭けた執念の選手だった。

高井に影響を与えた人物が、同じチームで活躍したダリル・スペンサーだ。スペンサーは、投手のクセや配球について、詳細にメモを書き記して、それを参考に打撃を行った。1972年には、その「スペンサーメモ」を、チームに遺産として残し、そのメモによって、パ・リーグの野球が進化したのは前述の通りである。

代打専門だった高井は、投手のクセ探しに没頭した。自分の出番が来るまでネット裏に陣取って研究し、それを自分の打席に生かした。そこでつかんだ各投手のクセは、膨大な量のメモとしてノートに書き残された。

高井のクセ探しは、投手のモーションをつぶさに観察し、腕を上げる高さ、頭と手との距離、グラブの膨らみなどをチェックしていたという。セットポジションでは、投げる球種によって、グラブの位置が変わる投手が多いと、高井は言っていた。当時、そんなことを、これだけの時間と労力をかけてやっている選手は皆無だったと思う。

高井は、「ノムさんは1試合で4打席ありますが、ぼくの場合は、1試合に1打席しかチャンスはありません。ストライクが3球で終わり、その3球のなかで仕留めなければいけないのです。プロで生き残っていくためには、何でもやります」と話していた。

私は、1973年に南海がパ・リーグで優勝し、翌年のオールスターでパ・リーグの監督を務めることが決まったときに、「目立たなくても努力している者にはチャンスを与えるべきだ」と思い、高井を監督推薦で出場させたこともあった。

阪急は、1976年、1977年に巨人を2年連続で下し、日本一を成し遂げた。

そのとき役に立ったと言われるのが、高井のメモで、そこには巨人の投手のクセだけではなく、二塁手のデービー・ジョンソン、遊撃手の河埜和正らの守備でのクセや、長嶋監督がベンチで出すサインのクセまで解読されていたという。高井が自分が生きていくために必死につけていたメモが、チームの勝利のために貢献することとなったのである。

長い間Ｂクラスに甘んじていた阪急だったが、スペンサーの加入でチームは確実に変貌し、スペンサーが残したスペンサーメモが高井メモへと発展し、阪急の１９７０年代後半の黄金時代をつくり上げていったのだ。

燃える鉄拳指導者

○星野仙一

阪神監督として、私の後任監督になったのが星野仙一だ。星野は燃える男と呼ばれ、ときには選手たちに鉄拳制裁も辞さないことで球界では有名だ。

これはメディアでもよく言われ、世間でも広く知られているが、実際には、私はその現場を見たことはない。しかし、いろいろと漏れ伝わってくる話によると、やはりそのような指導法を随分やってきたようだ。

これは、星野が明治大学野球部時代に師事した、島岡吉郎監督の影響を多分に受けたものと思える。島岡監督は熱血漢で、その精神野球、鉄拳指導が有名で、選手に対する愛情も深いものがあり、部員たちと独特の強い絆を築いていた。おそらく星野は、この島岡流の指導を自分の監督業にもアレンジして導入していたと思われる。だれでも指導者は、自分がこれまで師事してきた指導者の影響を、無意識のうちに受けているものだからだ。

星野の鉄拳指導も、聞くところによると、殴られる選手はいつも決まっていたという。つまり、殴られ役が決まっていたという。選手を殴らない指導者であっても、チームのなかに叱られ役をつくることがある。チーム全員の前で、厳しく叱責し、指導することで、組織全体がピリッとし、他の選手たちも発奮するようなことがあるものだ。

おそらく殴られ役も、そういった役回りなのだろう。殴られて監督に反発したり、口応えをしてくるような相手では、殴られ役には適さないだろう。そのあたりを見極めて、星野も手を上げていたと思える。

しかし、私個人の考えは、このような鉄拳指導には反対である。私自身、選手たちを一度たりとも殴ったことはない。

なぜなら、プロ野球の世界とは「プロ」の世界であるからだ。つまり、代わりの選手はいくらでもいるのだ。その人間がダメなら、別の選手を使えばいい。殴ってやらせるのは、アマチュアの世界である。代わりの選手もおらず、その選手にどうしても頑張ってもらいたいから、アマチュア野球では思わず手まで出してしまうのかもしれない。

また、殴ったほうはそのことを忘れるものだが、殴られたほうは、ずっと忘れないものだ。それが、指導者が選手のことを本当に考えて「叱っている」ならまだしも、ただ感情に任せて「怒っている」ような場合は、選手は必ずそれを感じ取るものだ。決してよく思うはずがない。

プロというのは、大前提として自己責任の世界だ。勝手に怠けて下手になったり、指導者の言うことを聞かずにチームに迷惑をかけても、それはすべて自分に跳ね返ってくる。殴ってまで強制することなど、何もない。

阪神では、私が知る限り、殴られ役のひとりはキャッチャーの山田勝彦だった。一方、同じキャッチャーでも矢野燿大は殴られることはなかったようだ。選手の性格、キャラクターを見て、殴るか殴らないかを決める星野らしいやり方だ。

いまは、アマチュア界でも暴力をともなった指導は厳禁という流れになってきている。ひるがえって、プロ野球の世界はどうだろうか。まだ、旧態依然の指導が残っており、私には時代遅れと感じることもあるのだが……。

球界でもずば抜けた「感謝」と「努力」の人

○稲葉篤紀

ＷＢＣ（２００９年、２０１３年）、オリンピック（２００８年）でも活躍、２０１２年には２０００本安打を達成し、名球会入りも果たした稲葉篤紀は、球界でも特筆すべき「努力の人」、「感謝の心を持った人」である。だからこそ、アマチュア時代の実績があまりなく、プロ入りの際にはさほど期待される選手ではなかったにもかかわらず、チームの主軸選手となり、名球会入りをするような選手へと成長することができたのだと私は思っている。

稲葉は１９９５年に法政大学からヤクルトに入団し、私のヤクルト監督時代に師弟関係にあった選手だ。

監督として彼を見ていて思うのは、まさに稲葉は「努力の人」であるということだ。彼ほど努力する選手を私は見たことがない。ナイトゲームの日も、稲葉は午前中から神宮の練習場にやってきて、ピッチングマシン相手に打っている。そして、試合後もバットを振っているのだ。

常に練習に打ち込んでいる稲葉の姿を見て、「まるで修行僧のようだ」と私は思ったものだ。私が、稲葉に送ったアドバイスはひとつだけで、「何事もしっかりと準備をしておくように」という言葉だけだった。

稲葉がここまで練習に打ち込めたのは、自分がいまこうして野球ができることや、まわりの人々に対しての感謝の気持ちと、謙虚さがあったからだろう。

私もこれまで多くの選手を教え、導いてきたが、感謝の気持ちがない選手、謙虚さを持たない選手は、なかなか大成しないものだ。

元巨人軍監督の川上さんは以前、当時、新人の淡口憲治を指して、「こいつはいい選手になる。親孝行だから」と言っていた。いまでも忘れられない川上さんの言葉だが、実際に、淡口は藤田元司監督時代に外野の一角を担う巨人の中心選手に成長した。晩年は近鉄に移籍したが、これも、実家の母親にいつでも会えるからという理由があったようだ。近鉄でチームのリーグ優勝に貢献し、引退後も、いくつかのチームでコーチを務めていた。

普通の監督だったら、野球のプレーを通して選手を評価するものだが、川上さんは選手の内面を見抜いて人材を評価していた。

親孝行な人とは、親への感謝を忘れない人のことだ。自分をここまでにしてくれた親をラクにさせたい、恩返しがしたいという気持ちは、厳しい努力をくじけずに続けていく原動力になるものだ。

また、親だけではなく、指導者やチームメートなど、まわりの人たちのおかげで自分はプロ野球選手になることができた、野球をやれている、という感謝の気持ちを持つものは、周囲に対しても謙虚になれるものだ。

謙虚さは、その人の感性を鋭くする。感性の鋭い人は、まわりにあるもの、起こること、人の言うこと、やることなどに敏感に反応し、「なぜだろう？」と考えるのだ。それがまさしく、その人間を成長させる。つまり、人間を高いレベルにまで成長させていくすべての出発点が、「感謝する心」だと私は考えている。

その点からみて、稲葉という選手は常に謙虚で、感謝する心を持っているように私には見えた。その姿勢は、彼のバッティングを見ていればよくわかる。稲葉は常に、チームの勝利を第一に考えてバッティングをしていた。「ここは俺が」といった思い上がったところがなく、つなぐのか、ランナーを返すのか、状況に応じて軽打と強打を使いわけるバッティングを徹底していた。

また、これは手前味噌になるが、引退後もよく、「野村監督のおかげで、いまの私がある」といったような感謝の言葉を述べているようだ。このあたりも、感謝の心を忘れない稲葉らしいところだ。だからこそ、彼も一流選手の仲間入りをすることができたのだと私は考えている。

クソ真面目な変人
○山田勝彦

私が阪神監督時代にキャッチャーだったのが、現在、阪神でコーチを務めている山田勝彦だ。山田は、本当に真面目しか取り柄のないような四角四面な性格で、「クソ真面目」といえる選手だった。

当時、阪神には、この山田と矢野燿大という二人の正捕手候補がいて、私は、山田か矢野かどちらを使うか悩んだのだが、結局、矢野が正捕手を務めることになった。

山田の真面目さを私も評価していたのだが、真面目過ぎて、極度の緊張状態になってしまうところが致命的であった。肝心なプレッシャーがかかる場面になると、頭が真っ白になり、金縛り状態に陥ってしまうのだ。

バッターボックスでも大事な場面になると、「打たないかん。打たないかん」という思いで頭の中がいっぱいになり、配球を読むとか、球種を絞るということができない。結果、クソボールであっても、バットが届く範囲であれば打ちにいってしまうというようなことを繰り返していた。やはりこれでは、なかなか正捕手として定着することはできない。

しかし山田はいま、阪神のバッテリーコーチを務めており、実は、コーチには最適な資質を持っている。コーチの仕事とは、地味で面白味もない作業を手抜きすることもなく、真面目にこなすことである。また、監督の黒子に徹して、サポートすることも大事な役割だ。その意味で、「クソ」がつくほどの真面目で、裏方のほうが力を発揮できる山田には、コーチがとても向いている。

実際彼は、だれよりも早くグラウンドに顔を出し、その日のミーティングの材料を集め、データを整理して資料などの準備をしていると聞く。監督の方針、チームの方針を頭に入れて、何を選手に伝えるべきか、毎日準備に怠りがないという。山田のようなクソ真面目な人物は、典型的なコーチ向きなのだ。私が楽天の監督に就任した２００６年には、山田は私の下で勉強をしたいと、楽天の１軍バッテリーコーチに就任した。

山田はこれからも、どこのチームに行ってもコーチとして重宝されることだろう。

キャッチャーらしいキャッチャー

○岡村浩二

私が南海時代に、パ・リーグで評価していたキャッチャーのひとりが阪急の岡村浩二だった。私は、パ・リーグのベスト9、捕手部門に１９５６年から13年連続で選出されていた。その連続受賞をストップさせたのが１９６９年の岡村だった。この年、岡村は１２１試合に出場して、阪急のリーグ３連覇に貢献した。一方私は、このシーズン、近鉄の岩木康郎のラフプレーで鎖骨を骨折し、１０６試合出場にとどまり、連続ホームラン王、連続ベストナイン、連続オールスター出場などあらゆる連続記録がすべて途絶えてしまったのだった。

その岡村が、私がバッターボックスに立ったとき、「ノムさんには、フォークボールを投げさせたいんだけど、フォークボールのサイン出せないんだよな」とささやいてくる。

「なんでだよ？」と聞くと、「ノムさん、投手のクセ、全部わかっているんでしょ」と言われたのである。それに対して返事はしなかったが、なかなか鋭いキャッチャーだなと思ったものだ。

実際は岡村の言う通りで、当時私は投手のクセの研究をかなり進めていて、それを見抜く目もかなり鍛えられていた。どんな投手でも、大きなクセは隠すことができても、必ず小さなクセがどこかに出るもので、よく観察しているとそれを見抜けるようになっていた。実際、私には、当時のパ・リーグのピッチャーのクセはほとんどわかっていた。

たとえばフォークボールは、人差し指と中指の間にボールを挟んで握るが、ピッチャーがグラブのなかでボールを握る際に、指に挟むためにぐっと手を押し込むため、力を入れるときにグラブの表面が微妙に膨らむ。その盛り上がりに着目したりするのだ。

私はピッチャーの投球のクセを読むことで、パ・リーグのペナントレースではよく打つことができた。しかし、オールスターや日本シリーズなど、セ・リーグのピッチャーと対戦するときは、さほど打てなかった。マスコミは、「大試合に弱い野村」とこのことを叩いたが、そうではないのだ。研究をしていないピッチャーだから、なかなか打てなかったということだ。しかし、その本当の理由を話すことは、企業秘密を話すことになってしまうので、一切、弁解できなかったのである。

キャッチャー岡村とは、バッター野村としてよく知恵比べをしたものだ。彼がまだ若かったころ、ある試合では、打てば決勝打という場面で私に打席がまわり、敬遠されそうになっていた。スリーボールとなったところで、私は、一芝居を打ってみた。

打席を外し、ベンチのサインを見るふりをして、「チッ」と舌打ちをし、大きく素振りをして打席に入った。バッターの観察眼にすぐれた岡村なら、この私の様子をみて、ベンチから「待て」のサインが出たと読むに違いないと考えたのだ。

狙い通り、岡村はそう考えたのだろう。私が振ってこないとみて、ストライクを投げてきた。私はその球を狙い打って、ホームランにしたのである。これも、岡村がバッターの観察眼をもったキャッチャーだから功を奏した策であった。岡村は肩も強く、ブロックが得意で、リードもできるキャッチャーらしいキャッチャーだったと言えるだろう。

「人間嫌い」という変人

○落合博満

プロ野球史上、唯一3度の三冠王獲得という偉業を成し遂げ、中日の監督として4度のリーグ優勝、1度の日本一を達成した落合博満という人間は、人間嫌いの変人と言える。

私が楽天の監督をやっていたころは、交流試合で中日と対戦する際には、試合前に必ず落合のマネジャーがやってきて、私を落合の監督室に案内するのだ。そこで試合前に、落合と野球談議をすることが名古屋に行った際の恒例となっていた。

落合のマネジャーが言うには、「野村さん以外の人とは、記者とも、だれとも話をしない」と言う。私はマネジャーに、「なぜ、俺にだけしゃべるのか?」と聞くと、「野球の話をしてわかるのは、ノムさんだけだ」と言っているという。

彼と話をしているときに、「野球のわからんやつと話をしても疲れるだけだ」と言うものだから、「それでも監督というのは、広報担当の役割も兼ねているし、ファンあっての商売なのだから、もっとマスコミにサービスしなきゃ駄目だよ」と諭したこともあった。

しかし、彼にはまったく響いていないようだった。ただ、私に対しては、試合前の監督室で、ずっと野球談議をしているのである。このとき、彼の野球好きも相当なものだと私も驚かされたものだ。ただ、基本的にあまのじゃくなところがあり、ああ言えばこう言うところもあるし、企業秘密も多く、私の質問を煙に巻くようなこともよくあった。私はそれを、彼特有の「人間嫌い」の性格からくるものではないかと感じていた。

私も処世術が駄目な人間なので、人のことは言えないのだが、彼には人と話したり、接したりすることを面倒に感じる「人間嫌い」の部分があって、それがあまのじゃくで、ときに相手に対してズケズケものを言うような行動となって表れていたのではないだろうか。

ただ、落合の私と違うところは、嫌われてはいけない相手だけはしっかりと選別して、そのような人には、それなりの対応をしていたところだ。

オーナーや球団幹部との人間関係はしっかり築いていると聞いたことがある。押さえるところはちゃんと押さえているのだ。そこが処世術ゼロの私と違うところでもあるが、落合が球界を代表する人間嫌いの「変人」であることは間違いのないところだろう。

快足選手にはまれな頭のいい選手

○赤星憲広

私は長く野球界で、「快足ランナー」と呼ばれる足を武器にした選手を大勢見てきたが、その共通点として言えるのは、みな一様にして頭が足りない、考える能力に劣る傾向があるということだ。しかし、どんなことにも例外は存在する。それが阪神の盗塁王、赤星憲広だ。赤星は、快足選手にはまれな、頭のいい選手だった。

赤星が阪神入りしたのは、私が阪神監督時代の2001年だった。

前年、2000年のドラフトの時点では、球団の編成部は、赤星獲得に反対だった。それは、赤星が体が小さいということ、走ること以外にこれといってプロで通用しそうな点がないことにあった。しかし、私は、「いいじゃないか。プロなのだから、足のスペシャリストであれば、それで十分だ」と、赤星獲得にゴーサインを出したのだ。

当時の阪神には、快足ランナーというとひとり、高波文一（現・福岡ソフトバンクコーチ）という選手がいるだけだった。

高波は、本当に代走専門で、守れない、打てないという選手だったので、もうひとり、足の速い選手がいてもいいと私は考えていた。

実際に入団してきた赤星を見てみると、バッティングも悪いというわけではない。私は、彼に対して、「足の速いという特長から野球に取り組みなさい。まず、塁に出る。そのためには、選球眼を高め、バントを練習し、逆方向への打ち方を習得する。それらを頑張って身につけなさい」とアドバイスした。彼は私の教えを聞き入れ、自分なりに技術の習得に励み、それをものにした。ゴールデングラブ賞を6回、打率3割を打つような選手へと成長したのだった。ただの走るだけの選手では、ここまでの選手にはなかなかなれない。彼のことを頭がいいと私が言うのは、そのためだ。

試合のなかでも赤星は、センターを守っていれば、いまどこを守ればいいのか、バッターボックスに立っていれば、いま何をすべきなのか、状況判断を適切にしてプレーすることができる選手だった。残念ながらケガで、その選手生命は短かったが、快足ランナーにしては例外的に頭のいい選手として、私の記憶に残っている。

野球学がまったくない軍隊式指導者

○鶴岡一人

いまの球界から見たら、想像もつかないような監督が、私が現役のころにはいたものだ。当時は許されていても、いま考えれば「立派な」奇人変人監督である。その最たるものが、南海の監督を23年の長きにわたって務め、戦後の一時代を築いた鶴岡一人監督（１９４６～１９６８年＝南海）だろう。

私は鶴岡監督の下でおよそ15年ほど野球をしたが、野球の監督というよりは、軍隊の上官といったような人だった。

鶴岡さんは、第二次世界大戦時には軍隊に召集され、日本陸軍で高射砲連隊に所属していたという。そんな経歴からか、チーム内では軍隊用語を多用し、徹底した軍隊式で選手を指揮していた。

私はキャッチャーということもあり、常に練習中、試合中でもベンチにノートとペンを用意していて、だれかから教えてもらったこと、自分が気づいたことなど野球のヒントをメモしていた。

しかし正直に言って、15年間、鶴岡監督の下にいて、監督から学んでメモしたことは、ただの1行もなかった。

鶴岡監督は大監督であるとの評価も一方ではあるが、南海時代に指導を受けた私にとってみれば、なぜ大監督と言われるのかわからないというのが正直なところなのだ。

鶴岡監督が言うことは、「気合を入れていけ」、「ぶつかっていけ」といった精神面に関することだけで、不思議なことに、野球の技術的な指導や、戦術的な教えなどは一切なかった。普通、野球の監督であれば何かあってもいいものだが、本当に何もなかった。

さらに鶴岡監督のユニークなところは、軍隊用語を頻繁に使って選手を厳しく指導するということだ。

たとえば、「お前ら、連帯責任だ」とか、「お前ら、営倉《えいそう》行きだ」などという言葉をよく使っていた。「営倉」とは、旧日本軍で、懲罰のために兵隊を閉じ込めた懲罰房、つまり牢屋のことである。

「連帯責任だ」、「営倉行きだ」という言葉は、耳にタコができるほど聞いたものだ。また、選手に正座をさせたり、ビンタをしたりすることも日常茶飯事であった。要するに、軍隊式の管理術なのだろう。

戦争経験のある世代だけに、女性がグラウンドに顔を出すことに対しても許されないという思いを持っていたようだ。取材に来る女性に対して、とても厳しかった。当時、女性アナウンサーや女性記者がいなかった時代だったが、NHKの毛利さんという女性ディレクターがよく南海の取材に来ていた。彼女に対しても、「ここは、女の来る所じゃねえ！」と監督は一喝していたが、あの言葉はいまでも脳裏に焼きついている。

軍隊式の精神主義を柱にした指導で、鶴岡監督時代に南海は11度のリーグ優勝に輝いたが、日本シリーズではなかなか勝てなかった（日本一は1959年と1964年の2回）。それというのも、その本質が軍隊式の精神野球にしか過ぎなかったからだと私は思っている。

第３章
球界に轟くあの「変人伝説」

不平不満の塊なのに、なぜか憎めない変わり者

○江本孟紀

「ベンチがアホやから野球がでけへん」の舌禍事件で引退に追い込まれ、のちに国会議員（1992～04年＝参議院議員）となった江本孟紀は、私が南海でプレーイングマネジャー時代（1970～77年）にエース格として活躍した選手だ。

プロに入ってくるようなピッチャーというのは、みな唯我独尊、わがままで自分勝手な性格であることが多い。子どものころから野球がいちばんうまく、まわりからちやほやされて育ってきたから、お山の大将になってしまうのだ。特にプロでもエース級のピッチャーというのは、自分が絶対に正しいという気持ちが強く、監督やコーチの言うことを聞かない奇人変人の類いが多い。

みなさんも想像していただければわかると思うが、金田正一さんや江夏は一般社会では

まともにサラリーマンとして務めることはできないだろう。そんなプロのピッチャーのなかにおいても、江本は極端にクセの強い選手だった。

とにかく首脳部の指示に素直に従うことがなく、監督の私にとっても非常に扱いづらい選手だった。不平不満がとても多く、南海時代には、陰で私に対する批判をよくしていた。

彼の扱いに困った私は、江本とはどのような人間なのかを知るべく、彼の親について球団スタッフに調べてもらった。私はよく監督時代に、自チームの選手で問題児や理解に苦しむような選手がいる場合、その親がどのような人間かを調べていた。「子を見れば親がわかる」とはよく言うが、その逆、「親を見れば子がわかる」というのも真理だからだ。

かくして調べた結果、江本の親はなんと教員だった。これには私も頭を抱えた。学校の先生の子どもだったら、もっと優等生でもいいようなものだが、現実はそうでもないようだ。

江本との間には、さまざまな出来事があったが、そのなかでも、「長髪事件」が最も印象に残っている。私は南海で、長髪を禁止し、ピアス、ネックレスなどのアクセサリーも禁止した。するとさっそく、当時、長髪だった江本が私のところに文句を言いにやってきた。

「長髪禁止ということですが、髪形と野球と何か関係があるのですか?」と不満をぶつけてきた。私は、「関係がある」ときっぱりと言った。私は、たぶん、江本が文句を言いにくると予想して、知り合いの評論家の草柳大蔵氏から、反論する材料をあらかじめ聞いておいたのだ。

「男の長髪は、かのレオナルド・ダ・ヴィンチが初めてやったことだ。なぜやったかといえば、画家、芸術家として、女性を描くために、女性の感性に近づくために長髪にしたのだ。男の長髪にはちゃんと理由があるのだ。しかし、お前は勝負師だ。長髪にする理由がどこにあるのか?」と江本に諭した。

すると江本は、意外にもあっさりと納得して、長髪を切ってくれたのだ。理屈さえ自分のなかで腑に落ちれば、相手の言うことを簡単に聞き入れるような部分が彼にはあったようだ。

また、江本の不思議なところは、人を批判したり、食ってかかってきたりすることもあるのだが、どこか憎めないところがあるということだった。こちらも監督として腹が立つこともあるのだが、結局はどこかで彼を許してしまう。頭はいいのだが、ずる賢いタイプではなく、不平不満も含め、すぐ本心を口にするタイプなので、どこか愛嬌があった。

私は江本に、「お前、ワシのことを陰でいろいろと言っているようやの？」と、普段から私の陰口をしていることをチクリと言うと、江本は、「だれや告げ口したんは。まったく油断も隙もあらへんなあ」と、悪びれる様子もない。

しかし、その言い方が、なんとなく憎めないのである。

「ベンチがアホやから野球がでけへん」の舌禍事件も、実は、江本が記者に語った言葉ではなく、ピッチャー交代を命じられて、マウンドからベンチに戻り、ロッカールームに引き上げる際に、何気なく漏らした独り言を、番記者に聞かれて記事にされてしまったものだったという。それがもとで引退を余儀なくされたのだから、江本自身に責任はないし、江本はむしろ被害者だ。書いた記者に対して、許せないという気持ちは内心あっただろう。

しかし、記事を書いた番記者が江本の自宅を訪れて謝罪した際、江本は、「気にせんでええ」と記者に語ったという。

本当は、江本の本質は、心優しい人間なのだろう。

江本は、引退後に国会議員も務めたが、憎めないキャラクターだったからこそ、周囲から支持を受けたのかもしれない。

最もキャッチャーらしくない変人キャッチャー

○田淵幸一

阪神の主砲として活躍し、ミスタータイガースと呼ばれたキャッチャーの田淵幸一は、私が見てきたなかでも最もキャッチャーらしくない変人キャッチャーであったと思う。

田淵のプロ入り前、ドラフトが行われた1968年、法政大の田淵を南海が1位指名するという噂があった。そこで私は、田淵の実力を確かめるために、神宮球場まで練習を見に行ったことがある。

たしかに素晴らしい素質を持った選手で、練習からすごい打球を飛ばし、肩も強い。こんな選手が、私がキャッチャーを務める南海にやってきたらたいへんなことになると危機感を覚えた。担当記者に、「田淵が南海にきたら、俺はどうなるんだ?」と聞くと、「ファーストじゃないですか」とあっさり言う。しかも、田淵は法政で、鶴岡監督も法政、二人は大学の先輩後輩になるのだ。せっかく苦労して取ったポジションを奪われるのは間違いないと思ったが、結果は、予想に反して田淵が阪神に入団し、私は救われた。

その後、私が現役引退間際に西武に移籍した際、田淵とはチームメートになった。当時は、田淵が正捕手で、田淵が出ているときは、私はベンチだった。

ある試合のこと、バッテリーが追い込んだ大事な場面で、直球勝負をして打たれて負けてしまったことがあった。私はなぜ、あの場面で真っ直ぐで勝負したのかどうしても不思議でならなかった。どんな理由があったのか知りたかった私は、キャッチャーの田淵に、「なぜ、あそこでストレート勝負をしたの?」と聞いてみた。

すると、田淵からは、「ノムさん、投げているのはピッチャーじゃないですか」との答えが返ってきたのだ。まるで、投げているピッチャーにすべての責任があり、自分には責任はないと言わんばかりである。

普通、キャッチャーだったら、自分のサインで負けたら責任を感じるものだし、先輩キャッチャーからこのように話しかけられたら、「変化球にすればよかったでしょうか?」、「なぜ、真っ直ぐだとダメなんですか?」と、話が膨らんでいくものだが、そうはならなかった。要するに彼は、キャッチャーの仕事自体にまったく関心がないのだ。

また、別の日、「キャッチャーとしていちばん大事なことは何だと思う？」と聞いたことがあったが、田淵は、「ボールを後ろにそらさないことですかね」と真顔で答えられ、これまた閉口したことがあった。小学生のキャッチャーが言うような答えを、恥ずかしげもなく平然と言うのである。

田淵は練習嫌いだったので、「プロになってから素振りはしていないのか？」と聞いたときには、「素振りって何ですか？」と真顔で聞き返されたことがある。

つまりそれまで、天性の才能だけで野球をやってきたということだ。もし少しでも練習を真面目にしていたら、とてつもない選手になっていたはずだ。仮に、ファーストか外野手をやっていればもっと名選手になれたと思うのだが、おそらく肩が強いということで、アマチュア時代からキャッチャーを任されてきたのだろう。

キャッチャーというのは、チームの勝敗を背負っており、最も責任を感じなければならないポジションである。その使命感、責任感がキャッチャーを育てるのである。しかし、田淵には、そういう使命感、責任感がまったく感じられなかったし、そもそもキャッチャーという仕事に興味もほとんどなかったのに、キャッチャーをやっているという不思議な選手だった。

べらんめえ口調で周囲を圧倒していた「親分」

○大沢啓二

元日本ハム監督の大沢啓二さんは、「べらんめえ」口調で知られ、大沢親分と呼ばれた。口は悪いが明るいキャラクターで、お茶の間でも人気者だった。

大沢さんはプロ野球選手時代の多くを南海で過ごし（1956～1964年）、私も南海でチームメートであった。大沢さんは私より年上であったが、立教大学卒のため、プロ野球人としては私のほうが先輩であった。

「親分」と呼ばれたのはだてではなく、若いころは武闘派として鳴らした。南海では当時から、「べらんめえ」口調で周囲を圧倒していた。

当時、大沢さんはライトを守っていたが、大きな目をギョロッとさせ、短気でいつも怒っているように見えた。相手ピッチャーの調子がよく、味方打線が打てずにいると、「なんでえ、お前ら。なんであんな球が打てねえんだ。いいか、見とけよ！」と言って、威勢よくバットを振ってバッターボックスに立った。そして、三振して帰ってくるのだ。

「あの野郎、なかなかいいピッチャーじゃねえか。見直したぜ」と言って開き直っているのである。

チームに対して、野球に対して愛情があり、ボテボテの内野ゴロであっても、一塁まで全力疾走をした。だから、凡打となって、一塁まで手を抜いてダラダラ走っているような選手には、「ちゃんと走れ！」と怒鳴りつけていた。

また、負け試合のあと、その敗因が特定の選手にある場合などは、それが年上の選手であっても、「あいつのせいで負けた」と平気で言うところがあった。

そのため、大沢さんに対して、「いつも偉そうに、言いたいことばかり言いやがって」「先輩に対する礼儀がなってない」などと、チーム内に不満が鬱積《うっせき》することもあった。

同じ立教大出身で、大沢さんの後輩にあたるエースの杉浦忠もそのなかのひとりだった。普段、温厚な性格の杉浦が、「あの人を、一度ぶん殴ってやらないと気がすまない」と言うほどだった。

チーム内にはついに、「大沢を殴ろう会」なるものが結成されたこともあった。最初は冗談かと思っていたのだが、私はみんなが本当に大沢さんを殴りに行く算段をしている場面に遭遇してしまい、チームリーダーだった私が必死で止めたこともあった。

しかし、大沢さんの真の姿は、野球が大好きで、チームのことを愛し、後輩への面倒見がよいというものでもあった。過激な物言いが物議をかもしたこともあったが、単純な熱血漢で、悪気のある人ではなかった。そういった本当の姿を知れば、監督として慕う選手がいたことも頷けるのである。

巨人三大ケチの筆頭

○森　祇晶

巨人のV9時代を支えた不動の正捕手、森祇晶は、私が同世代の捕手として強く意識した選手だった。

1973年に巨人から南海にトレードされたピッチャーの山内新一は、次のように語っていた。「森さんは、完成された投手をリードするのがうまい。野村さんは、未完成で未熟な投手を勝たせてくれます」。

私にとってうれしい言葉だったが、巨人というスター軍団では、やはり森のような、安定したリードで無難に勝つという戦い方が必要なのだ。そういう意味では、置かれた環境が違ったとはいえ、森は、私にはないキャッチャーとしての資質を持っている選手だったと思う。

そんな森は、球界きってのケチとしても有名だった。

前述もしたが、東のケチの横綱が森、西のケチの横綱が吉田義男さんと言われている。また、森は、巨人三大ケチのひとりとしても知られる。パ・リーグにいた我々にも、当時から、「巨人の三大ケチ」という噂は聞こえてきていたから、球界では有名な話だったのに違いない。

森とのエピソードで私の印象に残っているのは、日本シリーズ前の出来事である。

私が南海にいた当時、森は日本シリーズ前になるといつも私の家にやって来た。巨人が日本シリーズで対戦する阪急などのパ・リーグのチームの情報を、私から仕入れるために来るのだ。

あるとき、たまたま私の自宅が内装工事の最中だったことがあった。屋内が工事でぐちゃぐちゃに散らかっているような時期に森が来たものだから、私が「どこか、場所を取ろうか」と聞くと、「いや、もうこのあたりの隅っこでいいから」と上がってきた。

しかし、あまりに落ち着かないものだから、うちの女房が気を利かせて、「森さん、お腹空かない？」と聞くと、「ああ、空きましたね」と森も答えたので、「じゃあ、食事に行きましょうよ」と、森と女房と3人で、近くのレストランに食事に出かけたことがあった。

さんざん相手チームのデータなどを渡して、いろいろアドバイスをし、食事をしてお酒も飲んだのだった。

しかし、お勘定となると、森は何も言わない。森が払うと言っても、結果的には私が支払ったかもしれないが、ポーズだけでも「ここは俺が払う」と言うかと思ったら、何も言わないのだ。情報をもらいに来たのは向こうなのだから、なんとも不思議なやつだと思ったが、「ああ、これが巨人の三大ケチと言われていたことなのか」と、ふと思い出したものだ。

森は、そういうことをまったく考えないのだろう。これは巨人というチームの特殊性によるところも大きい。

前述もしたが、巨人という人気球団では、食事代や飲み代、足代などは、常にまわりにいる支援者が支払ってくれる場合が多い。もしかしたら、森には、食事代を支払うという概念自体がないのかもしれない。

いわゆる「ごっつぁん体質」である。プロ野球界も、相撲界と非常に似た世界であることはたしかなのだ。ただそのなかでも、森のケチぶりは群を抜いていたということだろう。

阪神らしさ満載の幼稚な変人選手

○今岡 誠

阪神というのは、独特な雰囲気を持ったチームだ。そのなかにいる選手も変わった選手が多く、今岡誠は特に変わった選手と言うことができる。プロ野球選手であるにもかかわらず、非常に子どもっぽいところがあり、阪神にありがちな典型的なタイプと言うこともできる。

監督の私と今岡との間に確執があるとの報道もあったが、そのきっかけをつくったのは私だったかもしれない。この点は、私にも悪い点があったのかもしれない。これまで私は、阪神のような人気チームで監督を務めたことはなかった。人気チームの監督として、あれだけ大勢の記者に囲まれている環境は初めてだったし、私の発言がどのように報道され、どんな影響があるかということには、無頓着なところがあったのだ。

ある日、記者の囲み取材で今岡のことが話題になった。

私は、「今岡って打つだけだな」と、記者に言った。実際に今岡は、バッティングにしか興味がないようなところがあり、ヒットを打って一塁に出たら、走塁にまったく興味を示さない。ピッチャーにプレッシャーを与えるなどといった、チームプレーは一切考えないのだ。これは、監督としてはどうしても認められなかった。

相手ピッチャー側から見ても、今岡は足が遅く、走らないと思っているので、出塁しても怖くない。ピッチャーは悠々と投げているのである。私は、「あいつ、ヒットを打って一塁に出ても、そこで打率の計算してるんじゃないか？」と冗談を言った。

するとそう言ったことがすべて、今岡に伝わった。あるときから、彼は私に反発するようになり、まったくやる気を見せなくなった。バッターボックスに入っても、3球続けてストライクを見逃して帰ってくることもあるなど、ひどいありさまだったのだ。

そこで私は、「そんなにやる気がないのだったら、二軍に行かせる」ということで、今岡の二軍行きを命じたのだった。

二軍に落ちても、今岡の様子は変わらず、当時二軍監督だった岡田彰布に「どう、今岡？」と聞くと、「監督が言うことはよくわかります。まったくやる気がないです」と言っていた。

監督やコーチに頭にくることをいろいろ言われることもあるし、衝突もあるかもしれない。しかしプロなのだから、自分の感情とは別に、チームのために、やらなければならないことがあるはずだ。また、監督への反発心でタラタラやっていても、それは結局すべて自分に跳ね返ってくるということがわからない。損をするのは自分なのだ。プロ野球選手という以前に、社会人としてまったく幼稚だと思わざるを得なかった。

「野球は好きだが、監督が嫌いなので、やる気が出ない。だからやらない」ということなのだろう。

私は、これが典型的な阪神の選手なのだろうと思った。人気チームでファンにちやほやされ、タニマチを含めた周囲の取り巻きにもちやほやされ、成績が悪くても観客動員が落ちないので、上からも厳しく言われない状況に安住している。そういう環境があるから、こうなってしまうのではないだろうか。

今岡はその後、私が阪神を辞めた後、ロッテにトレードに出された。しかし、そんな今岡がいま、阪神のコーチを務めているところがまた、阪神という球団の不思議なところなのである。

瞬間湯沸かし器の激情型

○大杉勝男

荒くれものの「ヤクザ集団」とも言われた東映フライヤーズには、張本勲とOH砲を組んだ大杉勝男がいた。大杉は、プレーボールがかかると、興奮してカーッと頭に血が上り、人格が豹変してしまうような人間だった。

試合でラフプレーをするタイプではなかったが、乱闘シーンや判定に不服の場面では、「暴れん坊」となった。しかし普段の大杉は、礼儀正しくて優しく、おとなしい男だった。試合に対して、人格が一変するほどの集中力を持っており、それが大杉の勝負強さにつながっていたのだと思える。

1968年からの6年連続30ホームラン（1970年からは3年連続40ホームラン）、ホームラン王2回、打点王2回。史上初めて、セ・パ両リーグで1000本安打を達成している。

また、1969年にはサヨナラヒット5本（日本タイ記録）、1970年には犠牲フライ15（日本記録）を達成している。

日本シリーズでも無類の勝負強さを見せた。1978年の日本シリーズ、ヤクルト―阪急の第7戦。ヤクルトの大杉が放った、後楽園左翼ポール際への飛球がホームランと判定された。上田利治阪急監督が、これに1時間19分もの猛抗議をした。その間、大杉は、「見てろよ。次は、文句なしのホームランを打ってやる」と集中力を高めていたという。その言葉通り、阪急のエース、山田久志からそのあと、ダメ押しのホームランを放って、ヤクルトに球団初の日本一をもたらしたのだ。

私との間でも、試合中にケンカになりかけたことがある。私は、大杉をバッターボックスに迎えると、しきりにささやいていたのだが、ある日、大杉は、私のささやきに我慢しきれなくなったのだろう。カーッと頭に血が上った大杉は、私に向かってものすごい形相で、「うるせえ！」と怒鳴ったのだ。

これには、私も怒鳴り返すしかなかった。

「うるせえとは何だ！　いったい、だれに向かって言っているんだ！　お前は、いつからそんなに偉くなったんだ！」

それで、あわやつかみ合いのケンカになりかけたこともあった。

そんな大杉も、１９９２年に47歳という若さで亡くなってしまった。現役時代にあれほどの勝負強さを見せていた男も、病気には勝てなかったのである。

近鉄的な利己主義選手
○岩隈久志

私が楽天監督時代に指導し、現在はメジャーで活躍しているピッチャーの岩隈久志も少し変わった選手だ。

どこが変わっているかというと、野球に関して徹底的な利己主義者であるところが挙げられる。岩隈は近鉄出身であるが、利己主義というのは、近鉄という球団のカラーでもあった。

前述の通り、もともと近鉄にいた往年のエース・鈴木啓示は、チームリーダーでありながら、優勝がかかるような大一番であっても、「ケガをしたらだれが責任をとってくれるんですか」と言って、無理な登板で肩に負担がかかると判断したら、決してマウンドに上がろうとはしなかった。チームへの貢献よりも、個人成績に重きを置くようなこの価値観は、その後、近鉄というチームのカラーとなっていったのだ。

「いてまえ打線」などというのも、豪快な部分を面白おかしくメディアは取り上げたが、その実態は、個人主義で、「自分さえよければいい」という価値観の表われだったと言えよう。

岩隈は堀越高校を卒業して、1999年ドラフト5位で、その近鉄に入団する。私には、最初に入った球団がまずかったと思えて仕方がない。プロに入って、右も左もわからない状況で、近鉄のカラーに染まってしまった。

彼が楽天で投げているときでも、投球数が100球に達すると、決まって監督の私のところに、「限界です!」と言いにきた。決して、「代えてほしい」とまでは言わないが、しかし、「限界です!」とは、「代えてほしい」と同義である。

逆に、負けている試合では、なかなか降板させてほしいとは言ってこない。自分に負けがつくのが嫌だったのだろう。このように、常にチーム優先というより、自分本位な姿勢が見える選手だった。

私は何とか彼に、エースとしての自覚を持った選手に成長してほしくて、ことあるたびに厳しく指導したが、なかなか染みついた利己主義を払拭することができなかった。指導する私にも責任があるのかもしれないが、「プロとはどんな世界なのだろう?」と思っていた新人時代に、最初に大先輩から教えられたり、学んで身につけた考え方は、そう簡単には変えられないということだ。

しかし、そんな岩隈も２００９年、日本ハムとのクライマックスシリーズ第2ステージでエースの自覚を見せたことがあった。

第2戦に完投したにもかかわらず、第4戦にリリーフ志願し、登板したのだ。8回裏にバッターボックスにターメル・スレッジを迎えたところで、私はマウンドに立つ岩隈に、敬遠を指示した。だが、岩隈は勝負したいと言って聞かなかった。私は彼の表情と意志に、エースとしての自覚を感じ勝負を許した。

結果は3ランホームランを浴びて、万事休すとなってしまった。

打たれたあとに岩隈は泣いていたが、私はあのとき、彼の成長を見たような気がした。

岩隈も少しずつ変わっていったのだろう。

できる嫁に尻をたたかれて出世した選手

○柏原純一

南海、日本ハム、阪神で活躍した柏原純一という選手がいる。1970年、南海がドラフト8位で指名した選手だ。

この柏原の奥さんが、いわゆる「できる嫁」だった。この奥さんなくして、柏原のプロ野球選手としての成功はなかったのではないかと思う。

入団3年目から1軍の試合に出るようになった柏原は、1976年には、124試合に出場、打率2割6分、本塁打16本を打ち、レギュラーとなった。

しかし、翌77年は開幕から極度の不振で、監督の私は、「体調でも悪いのではないか」と心配していたほどだった。しかし、不振の原因はそうではなかった。彼が毎夜、大阪の街で飲み歩いているという情報が私のもとに入ってきたのだ。

これは監督として意見しなければならないと思い、柏原の自宅を、試合のあと、抜き打ちで訪問した。すると、案の定、彼はまだ帰宅していないという。仕方なく、当時新婚の奥さんにお願いして、茶の間で待たせてもらった。

ほどなくして柏原から電話がかかってきた。奥さんに受話器を変わってもらうと私は、「どこをうろついているんだ！」と怒鳴った。すると柏原は、「お前、だれだ？」と言うので、「馬鹿野郎！　監督の声もわからんのか！」としかり飛ばすと、しばらくして血相を変えた柏原が帰ってきた。

そこで私は、柏原にこう諭した。「人間には成長する段階で、3年間はがむしゃらに取り組む時期が必要だ。『新到3年、皓歯《こうし》を見せず』という言葉もあるが、お前にとってはいまが、そのときだ」とこんこんと説教をした。

自宅まで訪ね、真剣に訴える私に彼も納得してくれたようだった。その後、私の住むマンションにまで引っ越してきた。監督と同じマンションならば、夜遊びもできなくなるし、いざというときには相談もしやすいと考えたようだ。しかし実は、この引っ越しは、柏原自らの発案というより、奥さんの強い勧めがあったことで実現したらしい。

柏原は熊本県の八代東高校から南海入りしたが、奥さんはその八代東高校野球部のマネジャーだったという。奥さんは、とにかく夫の尻をたたき続け、4番を打つまでに成長させたのだ。

私は、柏原に「毎日、毎日、素振りを欠かすな！」と命じた。

当時、私の家の庭には、ティーバッティングの練習ができる環境があった。私が、バットを持って庭に出ると、私の女房が、柏原の家の窓をたたき、「ほら、始めるわよ」と合図する。すると、柏原が、奥さんに急かされながら出てくるのである。

放っておくとさぼりそうな柏原も、これで毎日、私とともに汗を流したものだ。この年のオフに私が南海の監督を解任されるのを機に、私を慕っていた柏原は日本ハムへ移籍した。毎日続けた地道な練習の効果は、日本ハム移籍後、ベストナイン3回、ゴールデングラブ賞4回という形となって表れたのだった。

人並み外れた自己顕示欲

○伊原春樹

私が西武にいたころ三塁手でプレーしていた伊原春樹は、その後、私が阪神の監督を務めることになったとき、コーチとして招請した因縁の間柄である。

阪神のコーチとして来てほしいと私が声をかけたのは、西武で一緒にやっていたときに、伊原がマスコミからの評判がかなりよかったからである。記者たちが、伊原が野球をよく知っているというような評価をしていたので、相当真面目に勉強してきたのだと思っていたのだ。

しかし、結果は期待外れ、うまくいったとは言えなかった。

監督として彼の上司になってみて初めてわかったのだが、伊原はうぬぼれが強く、自信家というより、過信家と言っていいタイプだった。ある日、彼が、「監督、すべてのサインを僕に任せてくれませんか」と言ってきたのだ。ベンチからサインを出すのは、監督の専権事項である。それを任せてくれと言うのだから、自分が実質的な監督になるつもりだったのだろう。

私はあきれて、「お前は監督か！」と、それを拒否した。通常、監督のほうから言って、コーチに任せるケースはあるかもしれないが、コーチのほうからやらせてくれと言ってくるのは前代未聞なことで、自分の立場をわきまえない行為であった。彼は自分で手柄をたてたい、自分が注目されたいという思いばかりが強いように、私には感じられた。

そもそも、監督やコーチなどの指導者にとっていちばん重要なことは、チームの勝利である。自分が目立とう、自分が活躍しようなどとやたらと動く監督ほど、へぼ監督である。あまりにも「俺が、俺が」といった自己顕示欲に流されることは、組織をあずかるものとして慎まなければならない。その点からも、伊原には監督やコーチの適性はあまりないと私には思えた。

実は、伊原が西武のコーチ時代、「伝説の走塁」と呼ばれるプレーがあった。

１９８７年、日本シリーズ西武対巨人、西武の３勝２敗で迎えた第６戦、８回裏西武の攻撃、２対１と西武１点リードで、２死一塁の場面である。

一塁ランナーは辻発彦で、伊原が三塁コーチャーズボックスに入った。秋山幸二がセンター前ヒットを放つと、センターのウォーレン・クロマティが、いつものクセで山なりのボールを内野に返すと読んだ辻が、三塁で止まると見せかけ、リスタート、そのまま強引にホームに突っ込み、貴重な1点を挙げた一連のプレーのことである。

この「伝説の走塁」は、三塁コーチの伊原の判断によるもの、ということになっているが、実は私が辻本人に聞いたところ、伊原の指示などではなく、辻が以前からクロマティのプレーを研究していて独自に判断したものだったと言っていた。

他人のファインプレーを、自分の手柄にしてしまうあたりも、私が伊原の指導者としての素養を疑ってしまう点である。

ヤクザの親分のような風貌

○岩本義行

北海道日本ハムファイターズの前身チーム、東映フライヤーズは、暴れん坊の巣窟のようなチームだった。まるで暴力団と見まごうような雰囲気を漂わせる選手も何人かいた。

また、実際に乱闘事件を起こすなど、数々の伝説を残したことで荒くれ者チームの印象を残した。オールドファンには懐かしいチームだろう。

その東映フライヤーズの選手兼監督を務めていたのが岩本義行さんだった。岩本さんは、ヤクザの親分のようないかつい風貌の人だった。怖いオーラをまわりに発散し、周囲の人々が近寄りがたい雰囲気をかもし出していた。

実際に話してみると、とても優しい人だったが、プレーも荒っぽくて、試合中は怖い存在だったのだ。ヤクザの親分がグラウンドにいるような雰囲気で、東映フライヤーズという荒くれ者チームを象徴していたのが、選手兼監督の岩本さんだった。

岩本さんは、身長１６０センチ台と小柄な選手だったが、ほぼ反動を使わず、リストと腕力だけでホームランを量産するバッターとして知られていた。その打ち方は、神主打法と呼ばれ有名だった。神主打法とは、神主のように体の前でバットを立てて構える打法だ。私などは、あんな構えでよく打てるなと思ったものだが、それで大きな当たりを連発していたのだ。

実際に、腕力も相当に強かったようで、球界を代表する力自慢だったようだ。また、デッドボールを受けてもまったく痛がることがなかったタフな選手だったという。

岩本さんのパワーのすごさは、実際に、１９５１年に松竹ロビンス時代の39歳のときに、対大阪タイガース戦で、プロ野球史上初の１試合４ホームランを達成していることからもうかがえるだろう。しかし、パワーのすごさよりも、そのいかつい風貌、近寄りがたい雰囲気のほうが印象に残っている。

そんな岩本さんに率いられた東映フライヤーズというチームには、張本勲や山本八郎ら気性の荒い選手が所属していた。荒々しい雰囲気を醸し出す東映フライヤーズというチームは、日本のプロ野球界で、まさに異彩を放つチームだったと言える。

2度の無期限出場停止処分を食らった暴れん坊

○山本八郎

荒くれ者チームの東映フライヤーズで、「ケンカ八郎」と呼ばれていた暴れん坊が、山本八郎だった。山本は、大阪の浪商高から1956年に東映入りした。山本は、張本と違い、実際に暴力行為を伴ったケンカ上等の選手だった。普段は礼儀正しいタイプの人物だったというが、いざユニホームを着ると別人になる。瞬間湯沸かし器のような、暴れん坊だった。山本は、なんと2度の無期限出場停止処分を受けている。

最初は、1958年のことだ。山本が東京・駒澤野球場で開催された南海戦で、ヒット性の内野ゴロを打った。アウトかセーフかクロスプレーとなり、角田一塁塁審のジャッジは、間一髪、「アウト!」の判定となった。山本は、その場でヘルメットを取って激怒し、角田塁審を突き飛ばし、退場を命じられた。

これで山本は、ベンチへと帰っていったのだが、そこから再び怒りが燃え上がったようで、しばらくするとベンチから飛び出してきた。角田塁審に一直線に向かっていき、再び突き飛ばしたのである。角田塁審はもんどりうって倒れ、興奮した観客もグラウンドに乱入して大混乱となった。この暴力行為で、山本には無期限出場停止処分が下された。

２度目の無期限停止処分のいきさつは、次のようなものだったという。

１度目の無期限出場停止処分が解除された翌１９５９年、対近鉄戦、東映の攻撃で、三塁ランナー山本のホームスチールの際、猛烈なスライディングを敢行。近鉄の捕手の加藤昌利が、それを完全ブロックしたが、山本の激し過ぎるスライディングに激高。加藤が山本の背中にポンと触れると、今度は山本が振り向きざまに加藤の首筋に一撃を食らわせたのだ。さほど強いものではなく、審判も退場を命じなかったが、球場がざわつき始め、不穏な空気を察した岩本義行監督のほうから、退場を申し出たという。

その後、パ・リーグの中澤不二雄会長が、再犯ということを重視し、結果、山本には、再び無期限出場停止処分が下されたのだ。処分はその後、解除されたが、２度の無期限出場停止処分というのは前代未聞のことで、山本は、不名誉な形で球史に名を残すことになった。歴代球界の暴れん坊を挙げるとすれば、彼を外すことはできないのだろう。

積み上げた個人記録を台無しにしたラフプレー

○岩木康郎

ラフプレーに関しては、東映フライヤーズだけではなく、当時のパ・リーグ、プロ野球全体が、いまよりはかなり荒っぽい野球をしていたと言えるだろう。私自身が最も大きな被害を受けたのが、忘れもしない1969年のシーズンでのことだった。

近鉄の捕手で、岩木康郎という選手がいたのだが、彼との接触プレーで、このシーズンの南海の成績、また私の個人記録のすべてを失ったと言っていいだろう。

オールスターゲーム前の夏ごろ、南海―近鉄戦、ツーアウト二塁で、岩木が二塁にいて、レフト前ヒットが出たときのことだ。岩木が、ランナーコーチが止めているのに、それを無視してホームに突っ込んできたのだ。クロスプレーになるタイミングではなく、どう見ても5メートルは手前でアウトのタイミングだ。向こうは突っ込んで、私に当たりに来るとすぐにわかった。

日ごろからラフプレーの多い選手だっただけに、ここはガツンと返り討ちにしてやろうとこちらも考え、岩木の胸のあたりに肘鉄をくらわせてアウトを取った。

しかし、そのような不純なことを考えたのがいけなかったのだろう。ベンチに帰って腕を回したら、ガリガリガリと体の中から変な鈍い音がする。腕がおかしい。

「トレーナー、何かちょっとおかしいわい」と言って、診てもらうと、「何だ、お前、折れとるやないか」と言う。鎖骨を骨折してしまったのである。

岩木のケンカ野球につき合ったせいで、しなくてもいい大ケガを負ってしまった。実際の痛さよりも、精神的に痛い骨折であった。

このケガの代償はとても大きかった。１ヵ月も戦列を離れることとなり、南海は最下位に沈み、私自身も連続ホームラン王が８年でストップしたのをはじめ、連続ベストナイン、連続オールスター出場などあらゆる連続記録がすべて途絶えてしまったのだ。

その意味でも、岩木という選手は私には、あのときの後悔の念とともに、どうしても忘れられない選手なのである。

球界きっての紳士で二重人格

○杉浦　忠

私が南海時代にバッテリーを組んだ球界を代表するエースに、杉浦忠がいた。杉浦は、初めて南海が日本一になった１９５９年、日本シリーズの巨人戦で、４連投４連勝で最高殊勲選手に輝いている。50年代末から60年代の南海を背負って立った、記憶に残る大投手だった。

当時は地方に遠征に出ると、旅館などの宿舎では個室ではなく相部屋のことがほとんどで、私はよく杉浦と同じ部屋になったものだ。

彼は非常に野球に対して研究熱心なタイプで、宿舎の部屋では夜、その日の投球を振り返りながら、なぜあそこで真っ直ぐだったのか、どうして変化球勝負だったのかといった話から、朝まで二人で野球談議をしていたこともしばしばであった。

彼はプロのピッチャーには珍しく、自分勝手なところや我の強いところがまったくなかった。とても紳士的で、周囲に気を配り、我を通すというより調和を求めるタイプだった。

あるときなど、私が杉浦の球を受けていた負け試合のあと、「敗戦は俺のせいだ。あのサインを俺が出さなければよかったのだ」と私がしきりに悔いていると、「お前のせいじゃない。次、がんばろうじゃないか」と慰めてくれたことさえあった。「抑えたら俺の手柄、打たれたらキャッチャーのせい」と考えがちなエースピッチャーがほとんどの球界にあって、本当に杉浦は特異な性格だった。

プロ野球の荒くれ集団の、さらに自己主張の強い投手陣のなかにあって、珍しく、非常に紳士的な選手だったのだ。

彼はチームメートに対して優しいだけではなく、女性に対してもめっぽう優しかった。

遠征先の部屋で、夜、私が寝ていると、旅館の電話で杉浦がラブコールをしていたこともよくあった。「今度、食事に行こうよ?」、「今度、映画でも見にいかない?」などと、猫なで声で飲み屋の女性らしき相手としゃべっているのだ。実際、杉浦は優しく紳士的な男なので、女性にもよくモテた。

だが、そんな杉浦がまったく別の一面を見せることもあった。

ときどき、杉浦が電話で口汚く罵っているのである。「何やってんだ、てめえ!」、「てめえ、この野郎!」と、普段の彼とは豹変するのである。そのようなことが何度もあるものだから私も不思議に思い、だれに電話しているのか質問したことがあった。

すると彼は、「女房だ」とつっけんどんに答えたきりで黙っているので、「お前、奥さんにはえらいきついな」と、ひやかしたことを覚えている。

奥さんは東宝の女優をしていた人で、本当にきれいな人だった。ミス日本から女優になった美人女優の山本富士子に似ていた。杉浦は、大学からプロ入りして1~2年目で結婚し、大阪市の帝塚山という高級住宅地に住んでいた。私は、杉浦の自宅へ遊びに行ったことがあるが、美人の奥さんとの結婚生活を目の当たりにして、本当にうらやましく思ったものである。私も、こんなきれいな女性と、すてきなマイホームで結婚生活がしたいと憧れたものだった。

そんな奥さんに対して、普段からは想像できないような乱暴な言葉で罵る杉浦の姿は、私には異様に映った。普段の優しい姿を知っているだけに、二重人格のようにさえ感じられたのだ。夫婦の間には、それぞれ外からはわからない事情があるとはいえ、私には、杉浦のこの言動が本当に不思議でならなかったのをいまでも覚えている。

マウンド上では乱闘マシーンに豹変

◯ジョー・スタンカ

南海時代に一緒にプレーした外国人の助っ人では、ピッチャーのジョー・スタンカは印象に残っているひとりだ。

スタンカはかなり変わった選手だった。どう変わっていたかというと、普段は、心優しくだれに対しても笑顔で接する最高の紳士なのだが、ひとたびマウンドに上がると豹変するのである。闘争心を前面に出して、ケンカ腰で打者に向かって投げてくる。その豹変する落差はまさにジキルとハイドで、間違いなく変人の範疇に入る人物だと思う。

たとえば、ある選手にホームランを打たれるとする。すると、スタンカは、次の打席に、平気でビーンボールを投げるのだ。そうなると決まって、両軍入り乱れての乱闘になった。

いつもは優しくおとなしい男なので、とてもビーンボールを投げたり、乱闘に参加したりするタイプには見えないのだが、マウンドに立つと人が変わってしまうのである。

私が、スタンカの暴れっぷりで思い出すのが、1964年の近鉄のチャック（チャールズ・エイブラハム）との乱闘劇だ。スタンカの内角球をきっかけに始まった190センチを超える大男二人の殴り合いに、両軍選手もなかなか止めに入れなかった。外国人同士の乱闘は、これが初めてだった。

また、ファンの記憶に残っているのは、1961年の日本シリーズ、南海―巨人戦での乱闘劇だろう。南海が1勝、巨人が2勝で迎えた後楽園球場での第4戦だった。

3対2とリードした南海が、9回裏無死一塁で、スタンカをリリーフで送った。すぐに2アウトを取ったが、エラーとヒットで2アウト満塁となり、宮本敏雄（エンディ宮本）がバッターボックスに入った。カウント1ボール2ストライクに追い込んでから、外角低めのシンカーが決まったと思われた。

しかし、球審は、ボールの判定を下したのだ。スタンカと、キャッチャーを務めていた私は、球審に猛抗議した。だが、判定は覆らず、宮本はスタンカの次の球をライト線に運び、2者がかえって、巨人がサヨナラ勝ちとなったのだった。怒りのスタンカは球審に体当たりし、ファンも乱入する事態となった。

さらに第5戦、スタンカは、３回裏に、宮本にビーンボールを投げ、スタンカと宮本がにらみ合い、両軍の選手も飛び出し、もみ合いとなった。結果、警官隊も導入される騒ぎになった。

結局、このシリーズは巨人が４勝2敗で日本一となった。スタンカの度重なるビーンボールから、「乱闘シリーズ」と呼ばれた日本シリーズだった。

このようにさまざまな武勇伝を有するスタンカが、グラウンドを離れると最高のジェントルマンだったのは、いま思い返しても、本当に不思議な気がするのである。

「永淵シフト」まで考案された酒豪打者

○永淵洋三

私が南海のプレーイングマネジャー時代に、近鉄に永淵洋三というバッターがいた。永淵という選手は、小柄な選手であったが、1969年には首位打者を獲得するほどのバッターだった。知り合いの記者に聞いた話では、永淵は、二日酔いで試合に出場する常連だったという。そんな豪快伝説や、一晩に一升の酒を飲むなどの酒豪ぶりで、水島新司氏の漫画『あぶさん』のモデルだったという。

実際に、当時の選手は、酒に関しても、現在の選手とは比較にならないぐらいはちゃめちゃな飲み方をしていて、豪快な選手が多かったのは事実だ。

この永淵にはひとつの思い出がある。いまでこそ、「王シフト」が知れわたっているが、当時、打者に対して変則的な守備体系を初めて導入したのは私である。それが「永淵シフト」だ。

永淵は、ヒットを量産するバッターであったが、そのヒットの内容をよく見てみると、内野安打が非常に多く、長打が少なかった。データを詳細に見ると、永淵は、外野に飛ぶ大きい当たりはほとんどない。多いのは二遊間、三遊間に飛ぶヒットだ。

足が速いので、打球が三遊間に飛んだり、ピッチャーの足元を抜いたりすると、内野安打になっている確率が高いことが見えてきた。

そこで私が考えたのが、「永淵シフト」だ。外野手を1人減らして2人とし、その1人をピッチャーの後ろの内野に持っていき、内野手を5人とするシフトである。

これで内野安打は確実に減った。永淵がこちらの罠にはまり、手薄なレフト方向を狙って飛球を打とうとするのだが、これまでやったことのないことなのだから確実に失敗し、よくピッチャーゴロになった。これを見た他チームも、順次この永淵シフトを導入していったようだ。

バッターに対するシフトでは王シフトより、永淵シフトのほうが先だが、パ・リーグの近鉄選手に対するシフトだったから、当時は、さほど話題にもならなかったのだ。

王も、ほとんどサードやレフト方向への打球がないことで、守備位置が全体に右側に寄った王シフトを取られることがよくあった。私はガラ空きのサードを見て王に、「サード、ガラガラなんだから、チョンとそっちに当てればヒットじゃないか」と言ったこともあった。しかし王も、それを試みたことがあるようだが、やはりうまくいかずピッチャーゴロになってしまう。「慣れないことをしてはだめですね」と私に言ったことを覚えている。

まさにこれがシフトを敷く相手の狙いなのだ。サードやショートを狙わせるということは、そちら側ではホームランはほとんど考えられない。ホームランを防ぐために王シフトを敷いているのだから、それで目的は達成されているのだ。

実は、私自身も野村シフトを敷かれたことがあった。私は、レフトスタンドへのホームランが圧倒的で、右方向へのホームランがほとんどなかった。そこで、相手は、ファーストがセカンドのあたり、セカンドがピッチャーの後ろといったふうに、守備位置を変更させたのだ。外野もライトのあたりはガラ空きである。

私はこのシフトに対して、当初は空いているところに打ち返そうと考えたのだが、結局うまくいかずピッチャーゴロになってしまう。まさに相手の術中にはまってしまっていることに気づいて、それからは「惑わされてはいけない」と自分のバッティングを取り戻すことができた。当時の永淵も、私と同じことを考えたに違いない。

第4章

突き抜けた変人は、もはや偉人だ

野球技術より人間教育に特化した偉人

○川上哲治

戦後を代表するプロ野球人、川上哲治さんは、偉大なバッターとして日本プロ野球に君臨し、その後、監督として巨人のＶ９という偉業を成し遂げた。まさに日本プロ野球の歴史をつくり上げた偉人であった。

川上さんがこれまでのプロ野球の監督と著しく違うところは、根性野球の徹底や、野球技術の指導などより、選手の人間教育を最も重んじた点だ。ミーティングなどでも、ほとんどが、「人間とは？」、「人生とは？」、「仕事とは？」といった話ばかりだったと聞く。その意味では、これまでの監督像から見たら、まったく異端の人とも言える。

そして私が、川上さんから最も感銘を受けているのが、この人間教育に力を入れていたという点なのだ。

「プロとして活躍できる期間は短い。選手を終わってからの人生のほうが長い。別の社会に入っても、さすがは元ジャイアンツの選手と言われるように、選手を教育しておきたかった」と、川上さんは、その真意を語っていた。

川上さんは、トイレのスリッパの脱ぎ方まで注意し、「あとで使う人のことを考えて、きちんとそろえて脱ぐように」と、細かいところまで厳しかった。

それが、若手だけではなく、天下のONにまで妥協せずに厳しく接していた。長嶋も王も、川上さんの厳しい姿勢に、野球道にまい進する心構えがつくられていったのではないか。長嶋と王をしっかりと指導し、あそこまでの大スターに育て上げたのは、川上さんの功績であると私は思う。

V9時代にメディアなどでよく言われていたのが、「あのメンバーなら、だれがやっても勝てるよ」というフレーズだった。しかし、勝負とはそんなに甘いものではない。一度は勝てるだろうが、相手も徹底的に研究し、策を練ってくる。ときの運もある。勝ち続けるのは不可能なのである。私も3度の日本一に輝いたが、連覇はできなかった。連覇とは本当に難しいものだと身に染みている。

なぜ、川上さんはV9という前人未踏の連覇を達成できたのだろうか。私は、川上さんの人間教育にその理由があったと思っている。

「人間的成長なくして、技術的な成長はない」と私は常々考えてきた。人間的にも成長しないと、野球技術も一流の域にまでは伸びないのだ。いい仕事をするためには、なぜ自分は生きるのか、どのようにこれから生きていくのか、まわりとの人間関係をどう築いていくのか、といった自分の人生哲学を持つことが大切だ。そしてそれが、壁にぶつかり困難を乗り越えていく際の糧となるのだ。その本質をわかって、徹底したのが川上さんのすごさだと私は思う。

私は以前、川上さんのチームメートであった青田昇さんに、「川上さんは、選手時代からそんなに真面目だったのですか?」と聞くと、「とんでもない。個人主義の塊のような人で、フォア・ザ・チームなど必要ない。俺はただヒットを打てばいいのだという選手だった」という。当時の水原茂監督に対しても、非協力的だったという。

しかし、1951年、3Aのサンフランシスコ・シールズのモデスト・キャンプに日本を代表して参加したとき、大リーグでは監督の権威が絶対であることを知った。どんなスターであろうと選手は絶対服従であり、コーチは監督の手足となって一生懸命に働く姿を目の当たりにしたという。

青田さんによれば、そこから川上さんはガラリと変わったという。これまで自分のやっていたことが間違いだったと気づき、川上さんの野球に対する考え方が、このときからつくられていったという。

私にとっては、唯一、監督業のモデルとして尊敬している人であり、私がこれまで監督としてミーティングなどで、選手たちへの人間教育に重きを置いてきたのも、川上さんの影響を多分に受けてのことである。

非常識さが「伝説」となるほどの超人

○長嶋茂雄

長嶋茂雄という選手は、プロ野球界における真の天才と言えるだろう。常識など通じない変人ぶりを、若いころからいかんなく発揮していた。あそこまで型破りの人間だからこそ、野球においても天才的な面を持っていたのだろう。

長嶋の伝説的なエピソードをいくつか挙げてみよう。

彼がスランプに陥っていたときのことだという。長嶋は試合前、ものすごい練習をすると、練習後、そのまま風呂に入ってしまったという。不審に思ったチームメートが、「長嶋さんどうしたんですか？　もうすぐ試合ですよ」と声をかけに行くと、長嶋は、「そうか、俺も変だと思っていたんだよな」と答えたという。長嶋はあまりにもいい練習になったものだから、それで満足して、試合が終わったつもりになってしまったというのだ。

ほかにも、一塁ベースを踏み忘れたり、連れてきた息子の一茂を球場に忘れてきたりと、さまざまな逸話が長嶋にはある。

私のささやき戦術も、長嶋には効き目がなかった。私がバッターボックスの長嶋に、「チョーさん、最近、銀座行ってる?」とささやくと、「ノムさん、このピッチャー、調子どう?」と、関係ない返答が返ってきたりする。つまり、まったく会話にならないのである。それでピッチャーのモーションとともに、すさまじい集中力でボールに向かっていくので、私のささやきなど頭に入っていないようなのだ。

彼は常人にはわからないレベルの集中力で、野球に取り組んでいたからこそ、こういった「伝説」がいくつもあるのだと言えるかもしれない。

以前、名球会の会合で、長嶋と親しく話す機会があった。私はいいチャンスだと思い、彼にいままで疑問に思っていたことを聞いてみた。「野球とは?」、「バッティングとは?」、「勝負とは?」など、さまざまな質問をぶつけ、天才・長嶋がどのように考えているのか確かめようと思ったのだ。しかし相変わらず、長嶋からは明確な答えは何ひとつ返ってこなかったのである。

結果、長嶋は、これまで天性で野球をしてきた本当の天才型で、感覚だけでプレーしてきた選手ということが再認識された。つまり、そこに理論や哲学はないのだ。だから、野球の話をしても、会話が成り立たないのである。

たとえば長嶋は、バットに関してもまったく自身の哲学や、こだわりがないのである。プロ野球のバッターならば、みな自分のバットに強いこだわりがあり、強打者であればあるほど、その傾向が強い。

しかし、長嶋はバットになんのこだわりもなく、六大学野球の通算8ホームランも、すべて他人のバットを使って打ったと言われている。巨人の関係者の話では、プロになってもその傾向は変わらず、他人のバットでよく打席に立ち、しかも、ヒットやホームランをよく打ったという。この一例から見ても、長嶋が常識を超えた天才であったことがわかるのである。もちろん、天真爛漫な天才というだけでは、あれほどの記憶に残る活躍をし、日本を代表するスター選手になることはできない。そこには、人知れず行った努力があるはずである。

私は、あるとき、長嶋に「あなたのことをみんなが『天才』と言っているが、自分でも『天才』と思うか？」と聞いたことがある。すると長嶋は、「自分は人の見えないところで努力しているのだ」と答えていた。巨人から南海にトレードで来た選手が、「長嶋さんと王さんは、練習でも一切手を抜かない。ＯＮがあそこまでやるのだから、僕らも、もっとやらなければいけないと思った」と語っていたことを思い出した。

長嶋は、努力することにおいても天才で、チームの鑑になっていたのだ。

現役時代、日米野球に一緒に出場したときのこと。当時の日米野球は、シーズン後に20試合近く行われたが、人気者のＯＮは、ほぼフル出場だった。私は、気の毒になり、長嶋に、「オフになっても休めず、たいへんだね」と言った。

すると、長嶋は、「ノムさん、俺は、休もうなんて思ってないし、休むわけにはいかないんだよ。ファンは、俺たちを見に来ているんだから、出場するのは義務なんだよ」と語っていた。

選手にとってはただの1試合でも、ファンにとっては一生のうちに何度かの野球観戦だ。だから、ファンを落胆させないために、どんなときも出場し、最高のパフォーマンスを見せることが自分の使命であると長嶋は考えていた。自分がプロ野球を背負っているという意識を、常に持っていたのだ。

「さすがは、『ミスタープロ野球』と言われるだけのことはある」と、感嘆したことを、いまでも覚えている。

驚異的な身体能力を持った鉄人

○衣笠祥雄

広島の主軸として長年にわたって活躍した衣笠祥雄は、「鉄人」の異名を持つほど、頑強な体、超人的な身体能力を持った選手だった。２２１５試合連続出場、17年連続全試合出場という大記録を達成している。

衣笠のバッティングスタイルは、ピッチャーの方向へ突っ込んでいき、体ごとボールにぶつけていくようなメジャーリーガーに多いタイプだった。そのため、デッドボールも多かった。右手首の骨折、左肋骨の骨折、左肩甲骨の骨折など、大きなケガをたくさんしているが、試合には出場し続けた。

かなりひどい骨折をしているにもかかわらず、これだけの試合に出場し続けた偉大さは、通算３０１７試合出場の記録を持つ私にはとてもよくわかる。

特に、肩甲骨を骨折してよく試合に出たものだと思う。肩と腕の要である肩甲骨を骨折していたら、痛くてバットは振れないはずだ。仮に振れたとしても、普通の選手なら、打席に立つ気持ちにはなれないだろう。そんな状況でも試合に出場しているところに、ケガを乗り越える身体能力とともに、彼には人並み外れた精神力があったと思われる。だから、「鉄人」と呼ばれるのだろう。

かつて、広島の専属トレーナーは、「衣笠は普通の選手と違い、ケガをしても回復力が非常に早かった。さらにすごいのは、致命傷になるような状況でも、それを避ける本能的な身体能力、回避する反射神経が並外れてすぐれていた」と語っている。

実際に、衣笠は、デッドボールに関しても頭部には受けたことがないと思う。致命的なケガを避ける動物的な身体能力、反射神経を持っていたのは間違いない。

また、彼の体は、全身がバネのような筋肉だった。その筋肉は決して硬くはなく、柔らかい弾力があり、ケガに強い体質だったという。

外国人の父親と日本人の母親の間に生まれたことで、生まれ持った恵まれた身体能力があったともいえる。しかし、子どものころは、ハーフということで何かと苦労をしたのだろう。

「私のような子どもでグレてしまった人もかなりいたけど、なぜか私はグレずにすみました。野球というものに出会って、頑張れたからではないでしょうか」と、衣笠自身が語っていた。

持って生まれたすぐれた身体能力、抜群の運動神経、反射神経が、彼を大ケガから守り、さらに類いまれな精神力によって「鉄人」の域にまで登りつめることができたと言えるだろう。

私の野球観を変えた野球学の「伝道師」

○ドン・ブレイザー

阪急の野球を変えたのがスペンサーだとしたら、南海の野球を変えたのがブレイザー（ドン・ブラッシンゲーム）だった。私の野球観もブレイザーによって変わった。南海の野球を変え、さらには日本の野球をも変えた、野球学の「伝道師」であったと思う。

ブレイザーは身長175センチ前後で、日本人のなかに入っても目立たないほど、小柄な選手だった。にもかかわらず、メジャーで10年以上活躍し、オールスターやワールドシリーズにも出場している。

小柄で非力なブレイザーが、メジャーでそれほどの活躍ができたのは、きっと彼が何かを持っているからだと私は確信していた。その何かを学ぶため、また、メジャーリーグの情報を仕入れるため、私は遠征の際など、いつもブレイザーを誘って、通訳を伴って食事に出かけた。ブレイザーから聞くメジャーリーグの話は、本当に興味深いものだった。

メジャーというと、当時、我々の認識では、日米野球でのプレースタイルの印象しかなかった。その印象は、スピードとパワーの野球だった。しかし、ブレイザーの話を聞くと、メジャーの野球は、スピードとパワーだけではないという。そこに緻密な戦術があり、細かいところにまで考えを巡らせた、「考える野球」があるというのだ。

ブレイザーがよく口にしていたのは、「日本の選手は、なぜ頭を使わないのか?」ということだった。「『考えているな』というプレーが、だれからも伝わってこない」とも語っていた。これは、日本人選手に対する、痛烈な皮肉で、私も衝撃を受けたものだ。しかし、私は、たしかに彼の言う通りだと思った。

当時の南海は鶴岡一人監督の軍隊式野球で、精神主義の最たるものだった。ブレイザーは何も言わなかったが、「なんだ、この野球は!」と、相当に低レベルな野球に見えていたのは間違いない。

ブレイザーは、私のことを、「ムース(へら鹿の意味)」と親しく呼んでくれていた。

ある日、ブレイザーは私に対して、「ムースよ、ピッチャーが投げて、次に投げるまで間があるだろう。なぜ、野球だけ、こんな間があるのかわかるか」と質問を出した。私は、

「それは、考える時間があるということかな」と答えた。すると、ブレイザーは、「その通り。野球のいちばんの特徴は、一球一球の間に時間があるということだ。この時間に考えて、備えなければならない。その時間を与えているのが野球の本質だ」と言い、「しかし、日本人はそれが全然できていない。つまり、野球の本質をわかってないのだ」と語ったのである。

野球というスポーツの本質は、一球一球の間に考える時間が存在しているということであり、そこに攻守の駆け引きがあることをブレイザーに教えられたのである。決して、単純なスピードとパワーのスポーツではない。当時の日本の野球より、1歩も2歩も先に進んだ彼の野球理論は奥深く、聞くたびにいつも驚かされるものだった。彼と話すことで、私の野球観は変わっていったのだった。

1970年、私は南海のプレーイングマネジャーへの就任要請を受けたとき、オーナーに対して出した条件が、「ブレイザーをヘッドコーチにしてくれるなら受けてもいい」というものだった。

当時は、外国人のコーチなど、まだだれもいない時代。オーナーは、「野村君、外人で大丈夫か？」と、心配して聞いてきたくらいだ。

私は、いま振り返っても、もしブレイザーと一緒に野球をしていなかったら、その後、いまのような考える野球、頭を使う野球を私はしていなかったかもしれないと思っている。

まさに、ブレイザーは私の野球観を変え、日本野球を変えた功労者と言えよう。

天才の名をほしいままにした遊び人

○大下　弘

長いプロ野球の歴史のなかで、だれもが天才と認める選手が、大下弘さんだ。終戦直後のプロ野球界で、大下弘さんは青バットでホームランを量産し、赤バットの川上哲治さん（巨人）、物干し竿の藤村富美男さん（阪神）とともに人気を博し、戦後、プロ野球の発展に、大いに貢献した。

南海の監督だった鶴岡監督もよく、私たち選手に、「俺は長いことプロ野球界にいるが、唯一、天才だと認めるのが大下だ。大下以外、天才などいない」と言っていたものだ。だから、お前ら普通の選手は懸命に努力しろ、と鶴岡監督は言いたかったのだ。

巨人や西鉄などを率いた名将、三原脩さんも次のように語っていた。

「日本のバッターを５人選ぶとすると川上、大下、中西、長嶋、王、３人を選ぶとすると大下、長嶋、中西、1人を選ぶとすると大下だ」

大下さんの打つフライは、飛距離があり、よくホームランを打った。当時は、フライを打ち上げるのはよくないこととされていた。ボールが粗悪であったため、飛ばないことが多かったからだ。強いゴロを狙って打つこと、ライナー性のボールを打つことが求められた。

しかし、大下さんの打つフライは、長い滞空時間をかけて、スタンドに吸い込まれていったのである。戦前の年間最多ホームラン記録が中島治康さんの10本だったにもかかわらず、大下さんは戦後、1946年にデビューするや、20本のホームランを放っている。同じ年の川上さんが10本、藤村さんが5本、青田さんが3本しか打っていないことをみても、ケタ外れだったことがわかる。

他のバッターたちは、どうすれば大下さんのようなホームランが打てるのか、研究をすることになる。それが、日本プロ野球のバッティング技術を飛躍的に向上させるきっかけになったと言われているのだ。

私も晩年の大下さんのバッティングを間近で見たことがあるが、構えているときにグリップを大きく動かすことが気になったが、とにかくきれいで、格好がよく、絵になる選手だった。

遊び人としても有名で、いくつもの伝説を私も聞いたことがある。西鉄時代には、キャンプに行っても宿舎には泊まらず、芸者屋で寝泊まりをしていたという。１９４９年、１試合７打席７安打の記録をつくったときも、前の晩、朝まで飲んで、二日酔いで試合に出たと言われている。

甘いマスクで女性にもよくモテたのだろう。遊び人として通っていたところも、天才らしいエピソードと言えるのではないだろうか。

元エースでありながら名監督という稀有な存在

○藤田元司

プロ野球の長い歴史のなかで、ピッチャー出身の名監督はほとんどいない。プロで活躍するようなエースピッチャーは、アマチュア時代からちやほやされて育ってきており、苦労を知らない。思い上がったところもどこかにあり、自分中心でものを考え、他の人の立場に思いが至らないこともある。

また、圧倒的な素質があって、苦労もせずに来てしまった人は、何か壁にぶつかって、自分の頭で考え克服してきた経験も少ない。結果的に野球に対する理解も浅いことが多いものだ。だから、若いときの苦労は買ってでもしろと言うのである。

このような理由から、エースピッチャー出身で監督として成功した例が少ないと私は考えているが、そのなかで唯一例外がある。それが、藤田元司さんだ。

藤田さんは元巨人軍のエースで、巨人の監督を２度務めた。私も何回か話をしたことがあるが、ひと言で言うと、ピッチャーらしからぬ人であった。わがままで自己中心的というピッチャー的な部分がまったくなく、意外なまでに非常に謙虚だった。「本当にこの人、大巨人軍のエースだったのかな」と思わせるような人柄なのだ。

藤田さんは１９５７年から１９６４年まで巨人の投手を務め、通算１１９勝88敗を記録している。通算防御率は２・20。プロ入り３年で73勝を記録した。特に１９５８年と１９５９年のシーズンは、２年連続で20勝以上を挙げ、２年連続シーズンＭＶＰに輝くなど絶好調だったにもかかわらず、日本シリーズでは１９５８年には西鉄、１９５９年には南海の前に屈し、「悲運のエース」と呼ばれた。

首脳陣から求められるままマウンドに上がり、登板過多から肩を故障。慶應大学、日本石油を経て巨人入りしたこともあり、全盛期は短かった。しかし間違いなく、巨人の歴代投手ベスト10に入る偉大な投手だろう。

そんな大巨人軍のエースだったのに、うぬぼれが一切なく、謙虚で、人格者であるからこそ、監督になってからも成功を収めたのだと考える。監督通算７年で、４回のリーグ優勝、２回の日本一を達成している。

常識にとらわれない「変人」経営者

○相馬和夫・元ヤクルト球団社長

プロ野球界に長く携わってきたなかで、たくさんのフロントの人、球団経営者の方とも出会ってきたが、そのなかでもあえて「変人」と言えるくらい、経営者としてすば抜けて優秀な人がいた。それが、ヤクルトの相馬和夫球団社長（1985～1993年）だった。

固定観念にとらわれず柔軟な発想をし、決断すべきときは、現場のどんな反対があろうともリスクを取って自分の頭で決断できる経営者だった。

相馬社長はまさに影のヒーローで、私が監督としての実績を積むことができたのも、また、ヤクルトが黄金時代を築けたのも、相馬社長のおかげであったと言っても過言ではないだろう。

1992年のドラフトでのことだ。当時のドラフトの目玉は、野手では松井秀喜、投手では伊藤智仁がいた。編成部の意見はみな、「松井秀喜で行きましょう」という意見だった。「松井を獲得できれば、10年以上は4番バッターの心配をしなくてすむ」それくらいの逸材だという。

しかし、私の意見は違った。私は、「野球はピッチャー」という考えが前提にある。また、監督を引き受けた以上は、一刻も早く結果を出さなければいけない立場にもあったので、すぐ結果を出すためには、いいピッチャーが必要だと考えていた。

そこで私は、相馬社長にも、「野球の原理は簡単です。0点に抑えれば100％負けることはありません。でも、10点取っても、11点取られたら負けるということです」と、野球の本質を理解してもらって、今度の補強ポイントを投手陣に絞るべきだと訴えた。

しかし、それでも、編成部、スカウトの松井獲得への熱意は強く、最後まで話はまとまらず、とうとうドラフト会議当日になってしまった。ドラフトの会議場のテーブルを囲んで、スカウト部長は、最後まで「松井で行きましょう」と譲らなかった。

私も、「あなたは5年、10年とこのチームにいられるかもしれないが、私は監督としてすぐ結果を出さなければならない。私の立場も少し考えてほしい。野球はピッチャーだ」と繰り返し説得した。

結局、この話に結論を出したのが、相馬社長の編成への鶴の一声だった。「お前らガタガタ言うな。監督の言う通りにせえ」という言葉で、ようやくギリギリで伊藤智仁を指名する方針が決まったのだった。その後、この伊藤が大車輪の活躍を見せ、苦しいところでチームを幾度となく救ってくれたことは説明するまでもないだろう。

普通、以前から球団にいる現場の編成、スカウトの人間たちが口をそろえて「松井」と言っているのに対し、外から来た私がたったひとり、反対している状況だから、経営者としても身内の社員たちの判断を優先しそうなところだが、相馬社長は違った。

柔軟な思考をし、自分がこうだと決めたら、どんなに反対があろうともそれを進める強い決断力がある人だった。

いまにして思えば、私がヤクルトの監督に招聘されたというのも、相馬社長による異例の決断だった。それまでプロ野球の監督になる人間は、たいていそのチームでプレーした人間である場合がほとんどだった。それなのに、ヤクルトはもちろん、セ・リーグでさえプレーをしたことがない私が、ヤクルトの監督に就任するということは異例のことであった。

それは1989年のオフのことだった。相馬社長が、私の自宅まで監督就任要請をするために、足を運んでくれたのだった。

「野村さんの解説を聞いたり、原稿を読んだりして、この人しか、ヤクルトの監督を任せる人はいないと確信している。ぜひ、本物の野球を、ウチの選手たちに教えていただきたい」と言ってくださったのだ。

処世術がゼロで、まわりから誤解されることも多かった私だが、解説者として与えられた仕事は、どんな解説にも負けない、いい仕事をしようと決意してこれまで励んできたことが、報われたと思った瞬間だった。

のちに噂で耳にしたことだが、当時、ヤクルト球団では、相馬社長以外は、私の監督就任には反対という人が多かったという。しかし、相馬社長は、その反対の声にもひるまず、強く私を監督に推してくれたという。やはりここにも、前例や常識にとらわれない「変人」経営者の一面が垣間見える。

球団社長のなかには、野球には興味がなく、親会社から派遣されたサラリーマン的なお飾り経営者もなかにはいる。しかし相馬社長は、そういった経営者とは正反対の、野球を愛し、常識にとらわれない気骨を持った経営者であったといえるだろう。

オリンピック選手並みの運動神経

○飯田哲也

守備範囲の広さと俊足、強肩で、1990年代のヤクルト黄金時代の一角を担ったのが飯田哲也だ。ずば抜けた身体能力と、超人的な運動神経をあわせ持った選手で、「お前はオリンピック選手になっても成功する」と言ったことがあるくらいだ。

私がヤクルト監督に就任した年、春季キャンプ初日に、1軍、2軍を問わず、足の速い選手を集合させたことがあった。そのなかのひとりが、飯田であった。

ずば抜けて俊足の飯田だったが、当時はキャッチャーをしていた。私は「キャッチャーは好きか?」と聞くと、彼は首をひねっている。即答しないところをみると、さほどキャッチャーというポジションに愛着はないようだ。

そこで私は、彼の身体能力を生かすためにも、野手として育てることに決めた。

「お前のその足、キャッチャーをやっていたらすぐ俺みたいに鈍足になるぞ。親からもらった財産をもっと大事にせえ。そのミットは、俺が買ってやるから、その金でグローブを買って持ってきなさい」と命じた。そして、彼のミットを２つ、４万円で私は買った。

実はそのときは、飯田を内野手として育てようと思ったのだが、ここで、現場と球団フロント間の連絡不備が発生し、それがまた二転三転することになる。

私は、「長打力のある外野手」の獲得を要請していたのだが、来たのがジョニー・レイという選手で内野手なのだ。その結果、レイがセカンドに入ることになり、セカンドの飯田が、センターに再々コンバートされたのだった。

だから、もしレイが来ていなければ、飯田はそのまま内野手をやっていただろう。その場合、その後の飯田の野球人生は、随分と違うものになっていたかもしれない。

センターにコンバートされてからの飯田の活躍は、プロ野球ファンの見方も一致するところだろう。広い守備範囲、俊足と強肩で、ヤクルトの外野の守りをけん引した。

その守備力が評価され、１９９１年から97年まで、７年連続で外野手のゴールデングラブ賞に選出されている。

特に彼のプレーで印象に残るのは、相手バッターのホームラン性の当たりを、フェンスまで走っていき、さらにフェンスを駆け上がってキャッチするというものだ。並みの身体能力では決してできない芸当で、驚異的な運動神経がなせる業といえよう。

しかし1995年には、神宮球場のフェンスを高くするという話が持ち上がる。これには飯田は血相を変え、「やめてください！　お願いです」と、球場側に抗議をしていた。フェンスが高くなると、自分の代名詞ともいえるプレーができなくなるからだ。しかし真剣な抗議にもかかわらず、フェンスは高くなってしまった。

フェンスを駆け上がってのキャッチはできなくなったが、それでも、グラウンドを走り回ってボールを追う飯田のダイナミックなプレーは、その後も変わらなかったといえよう。私がこれまで見てきた選手のなかでも、超人的といえるほどの運動神経の持ち主だった。

いまの球界では稀有な努力の天才

◯宮本慎也

ヤクルトの中心選手として活躍し、2004年アテネオリンピック、2008年北京オリンピックの日本代表に選ばれて両大会でキャプテンを務め、2006年WBC（ワールド・ベースボール・クラシック）の日本代表にも選ばれた宮本慎也は、最近の球界には珍しい苦労人で、日々の努力によって高いレベルまで到達した選手だ。天才が集まるプロ野球界において、貴重な努力の天才である。

私がヤクルト監督のとき入団してきた宮本は、1年目（1995年）から出場し、その後、ヤクルトの中心選手、日本代表のキャプテンへと成長していった。

当初、宮本にはバッティングをさほど期待はしていなかった。スカウトに、とにかく内野の守備ができる選手をとってくれと要請して、来たのが宮本であり、実際、バッティングのほうはプロでやっていくには厳しいレベルだった。

しかし、ミーティングでの私の、「プロ野球の世界は、俺が主役だ、といった選手が多いが、『脇役の一流』という立場もある。そこを目指しなさい」という言葉に随分感化されたようだ。

彼に対して、「守備だけの選手だから自衛隊だ」と言った私の発言にも、発奮していたようだ。私がヤクルトの監督時代、よくコツコツと頑張っているなと感心させられる選手の代表格が、この宮本、それに、稲葉篤紀、真中満、カツノリたちだった。暇さえあれば、いつも室内練習場でボールを打っていたものだ。

プロだから努力するのは当たり前だと思われるかもしれないが、実際、宮本のように長年にわたってコツコツと努力しつづけることは、非常に難しいことだ。

そしてそうした地道な努力は裏切らないということを、彼は身をもって証明したようなものだ。まさか2000本安打を達成できるとは、彼自身も思ってはいなかっただろう。私も指導者として、彼のこれまでの努力を素直に称えたい。

さらにもう1点、宮本のいいところは、類いまれなるリーダーシップを持っていることだ。ヤクルト時代の宮本は、後輩の怠慢な行動、プレーに関して、遠慮なく注意していた。

普通はまわりから煙たがられたり、嫌われたりしたくないという気持ちが先に立って、なかなかそのような行動はとれないものだが、宮本は違った。チームに対する強い愛情があるから、そういった行動がとれるのだ。

さまざまな壁にぶつかりながらも、試行錯誤を重ね、苦労してここまでの選手となった彼は、指導者としても十分適性があると思われる。

今後、指導者として、またユニフォームを着る日も近いことだろう。監督・宮本を見るのは、私にとっても楽しみなことだ。

「あとがき」にかえて

処世術ゼロの変人、野村克也

ここまで私の出会った球界のさまざまな人のことを書いてきたが、かくいう私自身も、球界のなかでは変人の部類だと思っている。自分なりに分析すると、私は、処世術ゼロ人間という意味で、十分、変わり者であろう。

とにかく私の欠点は、人間関係や処世術がまったくうまくできないところだ。たとえば、人に対してゴマをすったり、気安く人間関係を築いたりすることが苦手だ。こういった部分がある程度うまければ、もう少しユニフォームを着ていられたかもしれない。

なぜ、私がこういう人間になってしまったかといえば、これは「三つ子の魂百まで」ということわざの通り、子どものときの環境が大きく影響していると思っている。

私が子どものころは、家が貧乏で、小学校3年生のころから、朝も晩も働かされていた。学校が終わると、他の子どもたちはみんな楽しそうに遊んでいたが、私は同級生らと楽しく遊んだ記憶がない。

母親の口癖は、「学校が終わったら、まっすぐ帰っておいで」だった。少しでも遅くなると、「何してたの、遅いね！」と怒られたものだ。

家に帰って何をするかといえば、猫の額ぐらいの小さな畑の世話だ。それに子守りのアルバイトもあった。子守りは、お金はくれないのだが、その代わりに食べる物をもらえる。食糧難の時代だから、それを母親は喜んだのだ。

こうした経験から、私は、大人になったら絶対に金持ちになってやると強く思うようになっていった。どんな職業に就けば金持ちになれるかを、小中学生時代から真剣に考えるようになった。

私が最初に、金持ちになれる職業として考えたのは、流行歌手だった。当時の流行歌手、美空ひばりに影響されて、「よし、俺も歌手になろう」と考えたのだ。すぐに学校の音楽部に入って、ドレミファソラシドから始めたが、私の音域が狭くて高い声が出ない。真剣にはやってみたものの、歌手は無理だと気づき、すぐにあきらめた。

次に目指したのが映画俳優だった。当時はまだ、テレビがない時代で、映画ブームもあり、小さな町の映画館が連日超満員になっていたのだ。しかし、当時の人気映画俳優といえば、阪東妻三郎、嵐寛寿郎、片岡千恵蔵、上原謙、佐野周二、佐田啓二とみんな男前ばかりだった。この顔では無理だと、こちらもすぐにあきらめた。

そして、最後に残ったのが、野球だった。

しかし、野球をやるにはお金がかかる。ユニフォーム、バット、グラブをそろえなければならないが、そんなもの、親に「買ってくれ」なんて絶対に言えない。その日の食事にも困るような貧乏家庭で、母親は毎日朝から晩まで働きに出ている環境で、野球なんてできるはずもなかった。

そして決定的だったのが、私が中学3年生のある日、母親と兄と3人で食事をしているときのことだった。母親から「お前は、勉強もできへんし、成績もよくない。学校へやるのは、お兄ちゃんひとりで精一杯やから、高校行くのはあきらめてくれ」と、ショッキングなことを言われたのだ。

私はショックで、「それでは、プロ野球選手になれないやんか」と思ってしょげていると、兄が助け船を出してくれた。

「母ちゃん、こいつ男の子やから、高校ぐらい出しといてやらんと将来苦労するよ。これからは、間違いなく学歴社会になるから、俺、大学行くつもりだったけど、就職するから、こいつを高校に行かせてやってくれ」と、兄は私の高校進学を進めてくれたのだった。

母親は何も言わなかったが、結果、兄のおかげで私は高校に行けることになった。そして、高校で野球をすることができ、いまの私がある。

子どものときに夢を持つのは、大切なことだ。

その夢をどうすればかなえられるか、真剣に考えれば、可能性は確実に高まる。だがみんな、子どものときの夢といっても、真剣に考えない、真剣味が足りない。しかし、極貧の環境にあった私は、本当に真剣に考えた。だから、いまがあるのだと思う。

ただその一方で、極貧ゆえに、子どものときに友達と遊ぶこと、子どもらしく生きることが許されず、同年代の友達との自然なコミュニケーションもなく過ごしてしまった。そのことで、いま私は、人間関係や処世術がまったくできない人間になってしまったのだと思っている。

子どものころからの夢を私はかなえることができたが、人生は、すべて手に入れることができないということだろう。人生とは不思議なものだ。

詩想社新書

詩想社新書発刊に際して

詩想社は平成二十六年二月、「共感」を経営理念に据え創業しました。なぜ人は生きるのかを考えるとき、その答えは千差万別ですが、私たちはその問いに対し、「たった一人の人間が、別の誰かと共感するためである」と考えています。

人は一人であるからこそ、実は一人ではない。そこに深い共感が生まれる——これは、作家・国木田独歩の作品に通底する主題であり、作者の信条でもあります。

私たちも、そのような根源的な部分から発せられる深い共感を求めて出版活動をしてまいります。独歩の短編作品題名から、小社社名を詩想社としたのもそのような思いからです。

くしくもこの時代に生まれ、ともに生きる人々の共感を形づくっていくことを目指して、詩想社新書をここに創刊します。

平成二十六年

詩想社

野村克也（のむら　かつや）
1935年、京都府生まれ。54年、京都府立峰山高校卒業。南海ホークスへテスト生で入団。３年目に本塁打王。65年、戦後初の三冠王（史上２人目）。MVP５度、首位打者１度、本塁打王９度、打点王７度。ベストナイン19回、ゴールデングラブ賞１回。70年、南海ホークス監督（捕手兼任）に就任。73年、パ・リーグ優勝。のちにロッテ・オリオンズ、西武ライオンズでプレー。80年に45歳で現役引退。90年、ヤクルトスワローズ監督に就任、４度優勝（日本一３度）。99年から３年間、阪神タイガース監督。2002年から社会人野球・シダックスのゼネラル・マネジャー兼監督。06年から09年、東北楽天ゴールデンイーグルス監督。『野村ノート』（小学館）、『なぜか結果を出す人の理由』（集英社）、『言葉一つで、人は変わる』（詩想社）など著書多数。

詩想社
―新書―
17

プロ野球 奇人変人列伝
2017年7月28日　第１刷発行

著　　者　野村克也
発 行 人　金田一一美
発 行 所　株式会社 詩想社
〒151-0073　東京都渋谷区笹塚1―57―5 松吉ビル302
TEL.03-3299-7820　FAX.03-3299-7825
E-mail info@shisosha.com

D　T　P　株式会社 キャップス
印 刷 所　株式会社 恵友社
製 本 所　株式会社 川島製本所

ISBN978-4-908170-00-3

詩想社新書

1
リーダーのための「人を見抜く力」
野村克也
忽ち3刷！　各メディアで絶賛。名捕手、強打者にして名将といわれた著者の実績を支えていたのは、独自の人間観察眼だ。人間性や将来性、賢明さなど、どこに着眼し、どうその人間の本質を見破り、育てるかを初めて明かす。
本体880円＋税

10
資本主義の終焉、その先の世界
榊原英資
水野和夫
大反響4刷！「より速く、より遠くに、より合理的に」が限界を迎えた私たちの社会。先進国の大半で利子率革命が進展し、終局を迎えた資本主義の先を、反リフレ派の二人が読み解く。
本体920円＋税

11
言葉一つで、人は変わる
野村克也
大増刷！「野村再生工場」を可能にしたのは、「言葉の力」だった！　言葉がその人の考え方を変え、行動を変え、ひいては習慣を変え、ついには人生をも変える。どんなとき、どんな相手に、どのような言葉が響くのかを明かす。
本体880円＋税

12
誰がこの国を動かしているのか
鳩山友紀夫
白井　聡
木村　朗
元・総理が、この国のタブーをここまで明かした！　総理でさえままならない「対米従属」というこの国の根深い構造とともに、鳩山政権崩壊の真相を暴き、「戦後レジーム」からの真の脱却、真の独立を説く。
本体920円＋税